先生、イノベーションって何ですか？

What's innovation? Teach us, please!

Itami Hiroyuki
伊丹敬之

PHP

まえがき

「最近、イノベーションという言葉をよく聞くようになりましたが、いつ頃から始まったことなのですか」

「イノベーションは、大企業周辺でおこなわれるものというイメージがありますが、誰がやっているのですか。わたしにでもできることがありますか」

「イノベーションによって、世の中がどう変わるのですか」

「イノベーションは新しい価値を生み出すというイメージがありますが、変わらないことはマイナスでしかないのでしょうか」

「イノベーションを妨げるものがあるとしたら、それは何ですか」

これらは、本書のベースとなったイノベーション勉強会の最初の会合で、参加者から出された質問の一部である。勉強会の先生役が経営学者の伊丹、勉強したいと参加したのはすべて伊丹よりもはるかに年下の若い女性たち五人。珍妙な勉強会であるが、イノベーシヨンというものを広く理解してもらう本を作るためのセッティングとしては、意義があった。右にあげた最初の質問が、本の意図を語っている。そうした質問に対するわかりやすい答えを提供しようというのが、この本の狙いである。

女性の感性とストレートさで伊丹にイノベーションのことを聞いてみると、そこで意外に面白いやり取りが生まれ、それをもとに本を作れるかも知れない。そんな、伊丹には思いもつかない企画をもって来られたのは、ＰＨＰ研究所の櫻田真由美さんだった。本田宗一郎さんの言葉を中心に彼の人生を描いた『人間の達人　本田宗一郎』という本の編集者として協力してくださった方である。

好奇心の強い伊丹は、女性だけの勉強会ならば何か面白い議論が出るかも知れない、と思って、企画に賛成した。そして、櫻田さんの友人たち五人が集まってくれて珍妙な勉強会の第一回が開かれたのは、二〇一四年の一月のことであった。何回勉強会が続けられるか、果たして本の材料になるような話の展開になるのか、誰にもわからないままの出発だった。

初回の会合では、懇親も兼ねて、勉強会が終わったあとでイタリアンレストランで食事をし、ワインを飲んだ。これが、よかった。勉強会も全員の期待以上に話がはずんだが、ワインの席はもっと賑やかだった。みんなが、勉強会を続けようとモチベーションを持てたのである。そして、最後はイタリアン、というのが恒例となった。

毎回、伊丹が最後に次回への宿題を出し（たとえば、イノベーションだと思うものは何か、あったらいいなと思うイノベーションは何）、それをもとに伊丹が解説し、質問を受ける。みんなが突っ込む。みんなの宿題への答えも、勉強会での議論も、どんどん深まっていく。こうした繰り返しを、夏まで毎月一回のペースでやっていった。毎回、五人の女性陣は仕事の事情での例外をのぞき、全員出席である。イタリア料理とワインのおかげがかなりあったのかも知れない。

ついには、「イノベーションは人を幸せにするか」「日本企業のイノベーションは大丈夫か」、というような深い議論にまで話は進むようになった。初回の不安な旅立ちの冬は、豊かな実りの夏になった、というのが伊丹の実感である。毎回の議論をテープにとって起こしてきた原稿も相当に溜まったところで、伊丹が全体のテープ起こしを読み直し、話のまとまりごとに章に分け、全体としてのストーリー展開を考えて、この本の骨格を作った。対話のテープ起こしに追加の説明を加えた箇所も、もちろんかなりある。

初歩的な質問から始まるなごやかで賑やかな対話でありながら、しかし厳しい突っ込みもある。そんな勉強会のいい雰囲気を伝えたいと伊丹は考え、かなりフランクなやり取りを残す、対話風の原稿にした。ただ、読者のために、各章ごとにその章のテーマについての「伊丹のひとり言」をまとめふうに短く書くことにした。

したがって、この本の著者は、じつは伊丹ひとりではない。全員の共同生産物である。ただ、彼女たちの発言の取捨選択を行い、本の原稿を作ったのは、伊丹である。だから、伊丹がすべての責任を負う、という意味で伊丹が著者となっている。彼女たちの勉強会での発言で、ここには載せなかったことにもっといい内容があったかも知れないのである。

この本の成立に、シナリオはなかった。場のセッティングがあっただけである。その場で、何かが動いていった。それがこの本の構成を作っていった。こういう章立ての本になるとは、伊丹も五人の女性も、誰一人として思っていなかった。

珍しい本ができた、と思う。その現場の雰囲気を少しでも伝えられるような内容の本になっていること、そして、イノベーションについて何かピンとくるものを読者が感じていただけるような本になっていること、その二つを願って、この珍しい本のまえがきに代えたいと思う。

本としての最後の編集作業は、ＰＨＰ研究所の大久保龍也さんにやっていただいた。時間のない中の編集作業に、心からお礼を申し上げる。

共著者集団を代表して　伊丹敬之

先生、イノベーションって何ですか？　目次

第3章 寿司はなぜ回るようになったか

第4章 イノベーションはバトンタッチで膨らんでいく

第5章 イノベーションの地層が面白い

第6章 なぜ日本にはヒト型ロボットが多いか

第9章 東京オリンピックはイノベーションにつながるか

第12章 日本企業のイノベーションは、大丈夫ですか？

第1章

私たちはイノベーションの成果に囲まれている

日本語ワープロと宅急便は日本人の生活を変えた

四條紘子（以下、紘子）　ここにいる全員がイノベーションという言葉を聞いて、ほとんどイメージができない人たちとして厳選された人ばかりです（笑）。イノベーションとは何か、どこまでをイノベーションと呼ぶか、どういうものをイノベーションというか、そんな基本的なことから教えていただければと思います。

伊丹　でも、何かイメージのカケラくらいはあるでしょう。だから、なぜちょっとここに来てみる気になったか、教えてもらえますか。

出口　幸（以下、幸）　まったく、わからなくて、まずグーグルで調べて。そうしたら、新しいやり方とか出口を考えることで、何かよくすること、ってグーグル先生が言ってて。で、知人に聞いてみたんですね。そうしたら、「それはいわゆる技術革新のことだよ」ってサササッと言われたんですけど。でも、「いわゆる」じゃ、これは知らないパターンだなと思って。

新津光希（以下、光希）　私は、イノベーションという言葉はいろいろなところで聞くんですけれども。実際、どういうことをやっていて、それが未来とどうつながっていくのか、というところを知りたいなと思っていまして。

叶みらい（以下、みらい）　私の場合、いきなり「イノベーションって興味ある？」と言われて。だけど、自分の興味の範疇外の言葉だったので、単語すらキャッチできなかったんです。リノベーションとイノベーションの区別もできなかった。でも、こういう機会があるなら、「じゃあ、行きます」って。

伊丹　そんな機会ができるというのは、これは面白い、と。なるほど。じゃあ、まず最初に、イノベーションの成果の事例として何を思いつくか、言ってみてくれますか。

みらい　リニアモーターカーかな。

井伊智恵（以下、智恵）　パソコンとかもそうですか。

光希　ハイブリッドカーもそうですか。

伊丹　なるほど。じゃあ、みんな知ってる、イメージあるんじゃない、イノベーションの。

イノベーションという言葉の定義としては、「素晴らしい技術を使って我々の生活を変えるような物やサービスが提供されること」。それをイノベーションという。

そうすると、今、「素晴らしい技術」という言葉と、「我々の生活を変えるような」って言ったよね。ちょこっと何か便利になったぐらいじゃ、たぶんダメなんだね。イノベーションなんて言わないほうがいい。ちょっとした改善、改良の類《たぐい》だなあと。イノベーションとわざわざ名前を付けるんだったら、大きな変化が起きて欲しい。

みなさんの例は物的な製品の例だったけど、サービスの例だったら何を思いつきます？

幸　Ｓｕｉｃａとか。

伊丹　そのイメージでいいんです。そういうサービス。

今、こんなことを聞いたのは、どんな例が出てくるかなと思って楽しみにしてたから。みんなが意識しないぐらいのレベルで日本人の生活を変えちゃったイノベーションの例を、製品とサービスで一つずつ言いましょうか。

製品では、日本語ワープロとその中に入っているかな漢字変換のソフト。みなさん、アルファベットでコンピュータに入力すると、スマホでも何でもいいんだけど、ポンと押すと漢字とかなが出てくるでしょう。あんなのおかしいと思わない？　アメリカだと、あれはただアルファベットを自分で入れりゃ、それが文字で画面に出てくるだけだから、それは当たり前だね。日本だったら、漢字を画面に入力できないから、困るわけ。日本語ワープロのかな漢字変換ソフトというのは、今ではパソコンにもスマホにも、どこにでも入っている。今、あれなしだと、暮らせないよね。それぐらい、我々の生活を変えちゃった。だから、あまり変えすぎちゃって、誰も意識しない。

光希　意識してなかったです。勝手に変換してくれてるものと思ってた。漢字変換ソフトはときどき間違えるから、バカなんだな、と思ってました。ごめんなさいという感じ。

伊丹　あのスピードで変換をやってくれるということ自体がじつは驚くべきことで。昔、学者の間で、あんなことはできないと言われてた。そういうことを専門にコンピュータを使って何とかしてやろうと試みた人たちが数十年前にいたんだけど。その人たちは「原理的に不可能である」なんて言ってた。それができるようになった。

もう一つ、サービスの世界で、日本人の生活を変えちゃったイノベーションがある。あまり変えすぎたもんだから誰も意識しなくなってるのが、宅急便。

一同　ア〜。

伊丹　ああいう小さい荷物を個人から個人に送るにせよ、何かどこかに頼んで商店や企業から個人のお宅に送ってもらうにせよ、ああいうことをやろうと思ったら、昔は郵便小包か、鉄道小荷物、その二つしか手段がなかった。それが今、気軽にやるでしょう。

インターネットでゴルフクラブの中古品を調べて、クリックすると翌日届く。不思議な世の中だよ。あれを支えてるのは宅急便というイノベーションです。背後でものすごい技術が使われているんです。たとえば、荷物の仕分けをする。バーコードで読む。ああいうの、全部システムとしてやって、最後にドライバーさんが来て、「ありがとうございました」と気持ちよく届けてくださるから、みんな使うんだよね。

アレもコレも、私たちの周りはイノベーションだらけ

伊丹　そういうふうに言われたら、あ、これはイノベーションじゃないかって思う。サービスでもモノでもいいけれど、意外な例を、今から時間をあげるから考えて。

みらい　クレジットカードとか。

伊丹　それはいい。歴史的な例が出てきた。ダイナースクラブって知ってる？　クレジットカードで。

紘子　知ってますけど、持ってない。

伊丹　今はマイナーなカードになったけど、あれがクレジットカードの元祖。始まりはニ

ユーヨークのいろんなレストランによく行ってた人が、個人のツケで食べられる店はあるけれど、ときどきよその店へ行った時も個人のツケと同じことをやりたいと思ったことから。それで仲間内だけで、いろんなお店と提携して、カードを見せればキャッシュを持って行かなくても払えるようにしてよって、ツケ払いの仕組みとして考えたわけ。それが発祥です。

だけど、今はその仕組みが世界中の店で使えるようになっている。背後に膨大なコンピュータシステムが使われているし、銀行ともつながっている。これ、イノベーションの結果、クレジットカードが私たちの生活を変えた。キャッシュを持たなくても買い物も宿泊も飲食もできる。

智恵　コピー機はどうですか。

伊丹　ゼロックスマシンね。あれも大きなイノベーションだよね。技術的に言うと、紙に光を当てるとその反射でフィルムの上にカーボンがくっつくんです。炭素の小さい粒子が静電気作用で濃くつくところと薄くつくところが作れるという原理を開発したアメリカ人がいて。それを何とかして複写機にしたのがゼロックスという会社なんです。みんなが使えるオフィス用で。そうすると、ものすごく便利なわけ。今までは必要な書類は手書きで写してた。それが機械でできるようになっちゃった。光を当てて、電気を発生させて、その上に炭素の粉をパッとまくんです、単純に言えば。パッパッパとやると、落ちるところと落ちないところが出てきます――という原理で。それを今度、そのカーボンを紙のほうにパシャッと。あれ、移し替えてるわけ。そういうことをやってるんです。

幸　瞬時に？

伊丹　今は瞬時で、昔はちょっと時間がかかった。そこが、素晴らしい技術というところなんです。そうやって考えていくと、我々の周りで日頃便利に使っているものっていうのは、ほとんど何かのイノベーションのおかげですよ。

たとえば、電気って、あれイノベーションですよ。昔の生活の中に電気なんてなかったよ。あの電気をつくって各家庭に送ってその家庭の中で照明に使う。冷蔵庫のコンプレッサーの中でモーターが回って、それで電気で回って冷えてるわけだから。洗濯機もモーターが回って洗ってくれる。それから、テレビというのは電流を通すと信号を発するようになるというので、あれも電流がいるわけだ。その電気そのものが、あれだってイノベーションの結果です。昔はなかったんです、あんなもの。

こういう話をしばらくしてると、「あ、イノベーションってこういうものか」と、それに関して「こんなことを聞きたい」って次の時に聞ける例を、聞きたいことを思いつきやすくなるかも知れないから、今日は、イノベーションの実例ばかり、お話ししましょうか。

たとえば、鉄道。リニアモーターカーという最新の話がさっき出てきたけれど、そもそも鉄道。

鉄道というのも、昔はあんなものなかったんです。江戸時代、東海道五十三次、みんな歩いていたわけだ。それが今、東海道新幹線が走ってる。鉄道が生まれた国はイギリスなんです。イギリスで、鉄の線路を敷いて、その上を馬車が走ると速く走ってくと。最初は馬が曳《ひ》いてたんです、本当に。そういう仕組みを考えついた人がいて、運びたかったのは石炭。石炭を山から港まで持って行くのに、人が運ぶのは大変でしょう。だから、鉄の線路を敷いて、その上に鉄の輪っかを載せてそれを馬が曳けば、摩擦があまりないから、結構なスピードで走れるなということで、鉄道を最初に考えた人はそれで考えた。

そのうちに馬が足りなくなった。戦争が起きて、騎馬隊にたくさん馬がいるというので持って行かれちゃって、困ったなあと言ってたら、蒸気機関というのがその頃できて、それを多くの工場が機械の動力として使いはじめていた。その蒸気機関を馬車の上に載せて、車輪をそれで回せばいいじゃないかと考えついた人がいたわけだ。それで鉄道が生まれた。便利だよね、(燃料は) 後ろに載せてる荷物の石炭を使えばいいんだから。

最初はみんな貨物専用だったわけ。だって、あんなに黒い煙がモクモク出るんだもん、人なんか乗れないよね。そのうちに、どこの国でもそうだけど、そういう動いて荷物を運ぶのに便利なものができると、つい乗るやつが出てくるんだよね。

光希　乗りたくなっちゃう。台車に乗りたくなるみたいに。

伊丹　そういうふうに考えていくと、本だってイノベーションだ。

紘子　ん？　製本ということですか。

伊丹　違う、違う。印刷術だよ。活版印刷というのは、グーテンベルクという人が聖書を印刷するために考えたんだよね。その活版印刷の前に中国で木版の印刷ということができるようになった。紙ができたもんだから。紙だってイノベーションだよね。中国では昔、竹に書いていた。

それが紙というものを蔡倫《さいりん》が発明して、それが産業になって。あれこそイノベーションだ。みんなの生活を変えましたよ。

二〇〇八年に北京オリンピックがあった時に開会式が素晴らしかったけど、その演出のかなりの部分は中国がやったイノベーションを紹介してた。紙とか羅針盤とか。

羅針盤というのは、砂漠だとか海で太陽の位置との関係で自分の位置がわかって、地図がなくてもちゃんと目的地に着ける道具です。あれがなかったら、今の飛行機はないよ。

綿の普及の背後に、北前船のイノベーション

伊丹　そういうふうに、イノベーションが歴史的に二千年、三千年にわたって繰り返されてきた結果として今の我々のこういう本当に便利な生活がある。みなさんが着ている服には天然繊維である毛糸や綿を使ってるものもあるけど、ポリエステルだとか、ナイロンだとか、アクリルだとか、いろんな合成繊維を使ったものが今は多いでしょう。あんなものだって、昔、まったくなかったんだから。絹と綿と羊毛しかなかったんだから。

だいたい、綿というのが日本に渡ってきて日本人がたくさん着るようになったというのは、じつは、日本海を通って北海道まで行く航路を開発して、それに耐える船を造った人たちがいたから綿を日本人が着られるようになった。

みらい　ん？　何か、今のよくわからなかったです。

伊丹　風が吹くと桶屋が儲かるみたいな話だね。綿というのは作物です。綿の木に白いフワフワの実が付いてて、それを採って糸にする。その綿を育てるには相当の肥料がいる。昔の肥料といえば魚のカスなんです。とくにニシンとか、そういう北の海で獲れる、あぁいう、油分もあってタンパク質も多くてというので、いい肥料になるんです。それを大量に西日本のお百姓さんが使えるようになったから、日本で綿が大量に作られるようになって、それでみんなが綿を着られるようになった。

それには、北海道から近畿までの輸送が必要になる。これを北前船《きたまえぶね》というんですけど。北前船の航路を開発した人たちがいて、そこでそういう輸送活動をちゃんとやった人がいる。その北前船と北前航路のイノベーションがあったから、じつは綿のイノベーションが日本で可能になった。

だから、じつはいろんなもののおかげでイノベーションというのは可能になっている。みんな積み重ねなんです。何だか知らないけれど、歴史の授業をやってるみたいになってきたね。

一同　面白い。

伊丹　綿が庶民の衣料になる前は、日本人は麻を主に着ていたんです。麻のほうが肥料を必要としないから、昔でも採れたから。肥料を多量に必要としないということは、じつは繊維が荒いんだよね。だから、麻って今、涼しいものとして使うでしょう。昔の人は怒ってた、寒いと。

そういうふうに、一つのイノベーションが次のイノベーションをつくってきた。たとえば、日本語ワープロなんていうのはコンピュータというものができたから、初めてああいうものを作ろうとするわけだよね。コンピュータで変換してるわけだから。みなさんのスマホの中に小さいコンピュータが入っている。その一つで昔のどでかいコンピュータと同じ機能をもってるんだけど、そういうのが入っているんです。だから、そのコンピュータの機能を使ってかな漢字変換をさせようという、そういうことを思いつく人がいるわけ。

光希　そのアイデア自体は思いつきですね。とすると、思いつきがないとイノベーションは起きない、ってことですか？

伊丹　思いつきがないとイノベーションが起きないというのはその通り。しかし、思いつきだけでイノベーションて言っちゃいけない。「いわゆる技術革新」という話で終わっちゃう危険が高い。

僕はさっき、「社会が変わるほどの大きなインパクト」があって初めて、イノベーションと呼んでいいぐらいに厳しくしないといけない、と言いました。なぜ「大きなインパクト」にこだわるかというと、「いわゆる技術革新」という人は、技術だけが新しくなるとそれでイノベーションと言いたがるんだよね。技術者にはとくに多い。役にも立たん技術もたくさんある、世の中には。我々の目には触れないけれど、大学の研究室でやっていたり、企業の開発研究所でつくっていたりして、結局ものにならない技術なんていっぱいあります。

偶然がイノベーションにつながった電子レンジ

伊丹　人間がイノベーションにつながる思いつきを得るきっかけって、偶然のものもかなりあってね。それがイノベーションの面白いところでもある。

たとえば、みなさんが毎日のように使っている電子レンジ。あれ、英語でマイクロウェイブオーブンというんです。マイクロウェイブというのは高周波。電波の一種です。その電波を出して調理をする。

あれはどういう原理かというと、マイクロ波というのが食べ物なんかに当たると、その中にある水の分子がビビビと振動する。その振動で熱が出る。それで水の温度が上がるわけ。だから、加熱料理ができる。あれ、容器は全然温まらないでしょう。中の食べ物が熱くなりすぎちゃって容器が熱くなることはあっても、容器そのものは別にどうでもないじゃない。陶器とかはマイクロ波を通す。電子レンジでは金属を使っちゃいけないと言うでしょう。あれは、マイクロ波が反射しちゃうからです。

電子レンジというイノベーションは、たしかに料理の世界を変えたよね。以前とは全然違ったスタイルの料理や食事の準備の仕方が生まれた。作り置きしてチンとか。昔は冷えたご飯か炊きたてのご飯しかなかったけど、冷凍したご飯を「チン」できるようになった。それに、電子レンジでお燗《かん》をつけるとおいしいんだよね。日本酒を温めるのに、ふつうは徳利を湯の中に入れて温めるでしょう。あれよりも中から温まるんだって。

　電子レンジが世の中に生まれ出た経緯も面白いですよ。マイクロ波っていうのはレーダーに使うんです。飛行機の航跡を追うためのレーダーです。そういうレーダーとして、第二次世界大戦中にアメリカ軍が一生懸命、強力なレーダーを作りたいと努力していた。軍事用の開発です。そのレーダーの研究者の一人、アメリカの兵器メーカーの人が、マグネトロンという電波を出す真空管の新しいのを作ろうと実験している時に、実験の現場でチョコバーをポッケに入れてた。そうしたら、そのチョコバーが溶けちゃったんだよ。

幸　熱で？

伊丹　そう、マグネトロンから出たマイクロ波によって生まれた熱だね。しかし、当初は溶けた理由がわからない。そんな原理、誰も知らないわけだから。でもいろいろと実験して、マイクロ波による加熱の原理を発見した。チョコバーが溶けたという偶然のきっかけから、これは何かあるに違いないといって研究して、その原理を発見したわけ。最初に作った「調理」機械はとても大きかった。家庭の台所に入るような代物《しろもの》ではなかった。では、何に使うか。冷凍したものを温めようというわけで、日本で最初に使われたのは国鉄（現ＪＲ）の食堂車で、冷凍したレトルト食品をその場で温めるという例。ところが、今や、いろんな機能が増えて、ほとんどの家庭に入っていて、本当にみんなの生活が変わっちゃったよね。

しかし、原理の発見と最初の頃の機械の製作はアメリカ企業がやったんだけれど、実際に商品として普及する物を作ったのは全部日本のメーカーなんです。東芝が第一号を作ったとか、新日本無線という会社がマグネトロンの小さいのを開発して、それで電子レンジ用として使えるようにしたとか。ほとんど、日本が生み出したイノベーションに近いんです。

伊丹のひとり言

イノベーションとは、素晴らしい技術をベースに、多くの人の生活を大きく変えるもの。

このイメージをこの本の対話の中では、大切にしましょう。

しかし、イノベーションという言葉は大げさに聞こえるかも知れませんが、何か特別なものではありません。私たちの生活は、過去のイノベーションの成果に囲まれています。電気も、鉄道も、クレジットカードも、複写機も、電子レンジも、日本語ワープロも宅急便も、すべて過去のイノベーションの成果が今も受け継がれて、多くの人々の生活を便利にしているものです。

「私たちの生活」というイメージを、イノベーションを身近に感じるために大切にしたいと思いますが、イノベーションの成果を個人の生活の場だけに限定する必要はありません。工場など企業の現場を効率的にするイノベーションもあります。それは、工場で働く多くの人々の仕事生活を大きく変えている、と考えればいいでしょう。

「多くの人々」という言葉は、イノベーションを理解する上で鍵になる言葉です。そもそも、多くの人々の生活を変えることがイノベーションの成果なのですが、しかし、その成果が生まれるまでのプロセスでも、じつに多様な人々がさまざまな貢献をしています。一人の人間の努力だけでイノベーションが生まれるものではありません。時間もかかります。電気、鉄道、宅急便、どれをとってもその誕生と普及に多くの人々が関わり、長い時間がかかっています。そのプロセスも、この本の対話では取り上げていきたいと思います。

そして、ときどき、偶然の出来事すらもイノベーションのきっかけとして貢献しているのが、面白いところです。電子レンジだけではありません。次章以降の対話に出てくるイノベーションの事例でも、偶然のきっかけとそこからの人間の思いつきの貢献が、たびたび登場するでしょう。

第2章

社会が動いてこそ、イノベーション

和食のイノベーション力？

みらい　「和食のイノベーション力」という面白い記事を見つけたんですが、これがイノベーションと言えるかどうか、教えてください。

伊丹　何がイノベーションの例として出ているの？

みらい　冷たいお蕎麦《そば》の上に軽く焼いたフォアグラがのっていて、フォアグラの脂と蕎麦の風味がいい組み合わせ、というのが例ですが。こういうふうに和食というのは、和洋とか和中とか、懐《ふところ》が広くて、いろんな組み合わせでイノベーションを興《おこ》していける、という話です。

伊丹　たしかに、和食にはそういうポテンシャルがありそうだね。フォアグラが冷たい蕎麦の上にのっていると、何かおいしく食べられそうだ。蕎麦単体、フォアグラの単体では出せなかった新しい味が出せる。それはその通りなんだよね。そのできた新しいものがイノベーションと呼ぶにふさわしいか。その線引きの話をしましょうか。

結論から言えば、蕎麦にフォアグラだけでは、イノベーションというよりそのためのトライアルと言ったほうがいいでしょうね。イノベーションを「社会を変える大きなインパクトがあること」と考えると、蕎麦とフォアグラの組み合わせだけではまだ弱そう。しかし、和食というジャンルがもっているポテンシャルは、社会を動かすものがありそうで、和食のイノベーション力というのはありそうな気がする。

だから、和食がグローバルな食の世界にイノベーションを興す、その一つの実験的メニューとして「蕎麦にフォアグラ」を位置づければいい。ただ、イノベーションが起きるまでのトライアルをやる人が世の中にはたくさんいて、そのトライアルまで「イノベーションのトライアル」と言わずに、「イノベーション」と言っちゃうのは問題でしょうね。

紘子　イノベーションと呼べるか呼べないか、その線引きを先生はどこでしているんですか。

伊丹　みんなの生活が変わるほどのインパクトがあるかどうか、ですね、最後の線引きは。僕はイノベーションを「素晴らしい技術を使ってみんなの生活を変えるようなものが提供されること」と言ったわけだけど、みんなの生活が変わるほどのインパクトがなければ、イノベーションとは言わないと思う。

ただ、蕎麦とフォアグラの新しい組み合わせをイノベーションと呼びたい気分も、わからないではない。その理由は、イノベーションの世界で一番有名な大先生にシュンペーター先生という人がいるんだけど、その人がイノベーションとは「新結合」だ、と言ったんだよ。すでにある二つのものを新しく結合させてイノベーションというのは生まれることが多い、というわけ。蕎麦にフォアグラ、もその例かな。

それはその通りなんだけど、でも、何でも二つくっつけりゃイノベーションか、とも言いたくなる。シュンペーター大先生は、「イノベーションというのはそういうことで起きていきます」というプロセスの一部を言ったんだけど、その一部だけ取り出して「新結合」だから、これをイノベーションって、つい言う人が出てきちゃう。

「新結合」をドイツ語で言うと、ノイエ・コンビナチオン（Neue Kombination）。英語で言えば、ニュー・コンビネーションです。日本語で言えばいいのに、ノイエ・コンビナチオンなんてわざわざ言う人がときどきいるけど、そういう人を見たら、まゆつばと思ってもいいかも知れない。ただシュンペーター先生の権威に乗っかっているだけかも知れないから。

筋のいい技術、市場への出口、そして社会が動く、という三段階

伊丹　イノベーションが起きてくるプロセスというのは、典型的には三つの段階からなっています。まず第一段階として、誰かが筋のいい技術を育てようとする。第二段階は、その技術を使って、製品やサービスを市場に提供する。その技術の市場への出口をつくる、と僕は言っています。もちろん、技術を育てる人と市場への出口をつくる人は、同じ人でもいいし、別な人かも知れない。でも、市場への出口というのは、できたとしても小さい場合もある。それではイノベーションと言えるほどのインパクトにはならない。だから第三段階として、「みんなの生活が変わるほどのインパクトがもたらされる」という段階がくる。これを僕は「社会が動く」段階、と表現しています。そこまでいって、初めてイノベーションが起きたと言える。

したがって、技術を育てる、市場への出口をつくる、社会が動く――これらが三つ揃ったらワンセットで「イノベーション」と呼んでいいんでしょうね。

光希　たぶん技術はできる人は多いと思うんです。

伊丹　そうだね。第二段階（市場への出口）と第三段階（社会が動く）がむつかしい。そこまで到達できない技術的な試みは、多いんだろうけど。〝蕎麦にフォアグラ〟は、市場への出口をつくるトライアル、と考えればいいんだろうと思います。でも、新結合なら何でもかんでもイノベーションでは、イノベーションというせっかくの言葉がかわいそうでしょう。やはり、社会が動くという第三段階までいかなきゃ。

しかし、社会が動くためには、まずは新技術や新結合を活かした製品が市場に出て、それを使う人、買う人たちが現れて、つまり小さくても需要が生まれる必要があります。その人たちが結局は社会を動かすドライバーになっていく。彼らのような最初にイノベーションのトライアルを使ってみる「勇気ある冒険者」が、「これはいいよ」と周りの人を説得してくれる。自分が説得を積極的にするというだけでなく、便利そうに使っているのを見た周りが気が付いて、自分も欲しくなる、ということでもいい。

こうした小さな需要が実際に生まれるのが、イノベーションの第二段階の市場への出口をつくる、という段階だけど、この段階も何か画期的な技術が一つできればいいというわけではない。案外むつかしいんです。

たとえば、わかりやすい例で、ナイロン。今やナイロンというのはいろんなところで使われている合成繊維だけど、もともとは「絹の靴下」の代わりの繊維はできないか、とアメリカの化学会社デュポンの研究者カロザースが発明した人工繊維です。化学物質をさまざまに組み合わせて反応させると、絹よりも強くて肌触りもいい糸ができた。これは画期的な技術でした。なにせ石油から絹の代用品ができたわけだから。

でも、糸ができただけじゃ、まだ人々が買うところまではいかない。人間の衣料として役に立つためには布にできなきゃいけない。そのうえ、布といっても、ただ白い布だけできましたでは困るんで、染められなきゃいけない、縫製《ほうせい》できるようにしなきゃいけない。そうなると、ナイロンの糸を作りましたという画期的技術の発明だけでは市場への出口に到達できなくて、ナイロンの糸を染色する技術、布に織る技術、などが揃わないといけない。染色なんか案外大変だったんですよ。

幸　そうでしょうね。植物の汁に浸《つ》けておくだけじゃあ、たぶん無理ですよね。

伊丹　ダメでしょうね。染料や染色プロセスの工夫がどうしても必要になる。じつは、日本の東レが同じようなナイロン繊維の開発に独自で成功したんだけど、染色なんかのナイロンの加工技術はデュポンから技術導入せざるを得なかった。加工技術もワンセットで揃えてはじめて市場への出口ができるようになるからです。

東レがナイロンの製造技術を導入したのは一九五一年でしたが、その時にデュポンに支払った金額は一五億円ほどになったと言われています。当時の東レの資本金の二倍でした。そのくらい巨額の技術導入料が市場への出口の整備のためには必要になることもあるんです。

で、そうして市場への出口ができたとしても、それが社会を動かすほどになるには、もっといろんな条件が必要です。たとえば、絶対安くできないとダメですよ。だから、宇宙旅行をビジネスとして始める企業があるっていうけれど、当分は社会を動かすことはないでしょう。高すぎるから。ただの趣味の超高額品になっちゃうね。小さな市場はあるけど、しかし多くの人の生活にインパクトを与えることはない。だから、個人宇宙旅行はイノベーションとは呼びにくいね。

こういうふうにイノベーションの段階を三段階に分けてみると、私たちは使う側としてごく当たり前に今は使っているんだけど、社会が動いて普及したイノベーションの成果に囲まれているわけだけど、じつはそこに至るまでには大変な物語があるわけだ。とくに、筋のいい技術を育てる段階と市場への出口をつくる段階では技術開発が大きな役割を果たすわけで、まさにこれが「プロジェクトX」ですよ。

社会が動くためには、臨界点を超える必要あり

みらい　お話を聞いていて、電話が画期的だなと思いました。今でこそ携帯電話やスマホまで普及していますが、そもそもどうやって社会が動いたのか。

伊丹　それはいい指摘だね。電話は、技術的にもかなりむつかしいけどね。

電話は、まず発信する人の音声を電気信号に変える機械がなければいけない。それが発信器。その電気信号を今度は電波で飛ばすか電線や光ファイバーで送るか、とにかく送信というプロセスがある。送信の途中で雑音が入ったり、電気信号が衰えたり、いろんなことが起きるから正確に送信するのは結構大変なことです。そして、その送信された電気信号を受信者の側が受け取って、それをふたたび人間の耳に聞こえる音波に直す機械が必要です。これが受信器。これらが整って、技術的にはじめて電話として機能できる。しか

も、不思議なことにメッセージを伝えたい相手の受信器に、間違いなく電気信号を配ってくれるんだよ。混信したらえらいことだ。この配信の技術も大変だ。

しかし、こうした技術が揃っただけでは、まだ電話として社会的には機能できない。電話が便利なのは、通話したい相手を思いついた時、すぐに相手と通話できること。そのためには、通話したいと思うような相手が全員、受信器を持っていないとダメ。自分が勝手に発信しても、相手が受信できなきゃ、なんにもならない。

つまり、社会全体の中で電話がかなり普及していないと、電話の価値はあまり大きくない。ではそもそも、なぜ社会全体の中で電話が普及していくのか。それは、社会が動いたからです。社会の中で多くの人が、電話の価値を認め、自分のところも電話網に加入して送信と受信が可能なようにしようと思ったからです。特定の少数の人間だけが価値を感じたのではなく、多くの人が価値を感じて、自分もそれが欲しいと思う。そうなってこそ、社会が動いたということになる。

でも、最初に電話という機械が世の中に登場した時、それほど多くの人が一挙に電話に加入したわけではなかったでしょう。少しずつ加入者が増えれば便利さが倍増して、それでますます加入しようと思う人が出てくる。そんな社会の中の力学が動いて、結果として電話は立派なイノベーションになった。電話は、技術的なことを考えただけでも大変なむつかしさがあるんですが、しかし第三段階の社会が動くという段階がかなりきつかったイノベーションのいい例でしょうね。

クレジットカードだって、そうですよ。クレジットカードを扱う店舗が多ければ、カードに加入しようとする人も増えてくる。しかし、まだカード保有者数が少ない時には、店舗やレストランのほうは、カードの加盟店となってカードの手数料を払うのはいやでしょう。だから、加盟店数はあまり増えない。そこで、どうやって加盟店を増やしていくのか。にわとりが先か卵が先か、みたいな問題ですね。会員数と加盟店数の両方が徐々に大きくなっていくしかないんでしょうね。そして、ある程度社会に広まっていくと、ある時一気に拡大していく。便利さが一種の臨界点を超えるんだね。それが、社会が動く、ということです。

途中までいったのに、でも残念、だったiモード

光希　途中までいって、でも結局残念でした、っていう例を教えてください。

伊丹　途中までいって失敗した例ね。みなさんがご存じの例で言えば、ドコモのｉモードかな。あれは昔みんな使ってたでしょう。みんな使ってて、結構いいところまでいったんだけど、スマホみたいなものが出てきたら、アッという間にみんなが使わなくなっちゃったんじゃないかな。そのいい例ですね。使い勝手が、スマホが出てきちゃうと、圧倒的に分が悪いんだよね。

みらい　それに、国内だけということもあったんですか。

伊丹　たしかに、ｉモードは外国では普及しなかった。ドコモは普及させようと努力はしたんです。だけど、結局普及しなかった。その理由はいろいろあるけれど、基本的には使い勝手が悪いのと、外国の通信インフラでは初期にスピードが遅かったからかな。

ｉモードは携帯電話でインターネットができる、とくにメールができる、というのが国内では便利だったんだけど、そのためには大量のデータの送信が必要だった。つまり、時間がかかるんです。日本のデータ通信網というのはドコモが一生懸命整備したからまあまあの送信スピードになって、それでｉモードはある程度の使い勝手になっていた。しかし、そうしたデータ通信網がなくて、「もしもし、はいはい」の通話中心の通信網の外国では、スピードが遅かった。それに、パソコンが日本より普及していたから、インターネットを使うならパソコンでやればいい、という感覚だった。

だから、ｉモードをドコモが外国に持ち出しても、普及しなかった。そのうちに、半導体やコンピュータの技術、通信の技術がどんどん進歩してきて、スマホが出てきちゃったから、もうまったく太刀《たち》打ちできない。結局、最後は外国だけでなく国内でも残念でした、っていうことになってしまった。

でも、国内では成功したわけで、市場への出口もつくれた。だから、携帯電話の普及にもつながった。社会が国内ではかなり動いたんですね。しかし、世界的に見ると、市場への出口も小さかったし、社会も動かなかった。ｉモードを作ってる人たちだけのせいじゃなくて、その周りのサポートする技術のほうがいわば勝手に進歩して、そこへうまくピタッとはまったスマホみたいなものが出てくると、ウワッと普及するということの好例です。

とくに、ｉモードは海外の社会を動かすところで失敗したんだね。イノベーションの「途中までいったのに、残念」という例は、社会が動くというところでだいたい失敗するんです。市場への出口ができるまではまあまあいくんですけどね。そこが結構、壁が厚いんです。

ｉＰｈｏｎｅは社会を動かした

伊丹　今、スマホの話をしていますけど、スマホのイノベーションの成功は結局、スマホ一般の成功というよりアップルのｉＰｈｏｎｅの成功がひときわ目立つよね。ｉＰｈｏｎｅがなぜ社会を動かせたか、それを考えてみましょうか。

もちろん、たとえばブラックベリーというスマートフォンがｉＰｈｏｎｅ以前にあって、小さい携帯電話の表面に小さなキーボードが付いていた。言ってみれば、超小型パソコンをキーボード付きで持ち運ぶような機械だった。使い勝手がかなり悪かったけど、出先でインターネットをやりたいビジネスマンにはそれしかなかったから、彼らの間には市場はあった。いわば、小さな市場への出口をブラックベリーはつくっていたんだね。

そこへ、タッチ式スクリーンでキーボードも何もなく、アイコンを触るだけでいろいろなインターネットアプリが使えるｉＰｈｏｎｅが登場した。デザインもよかったから、使っていること自体を誇らしく思う人も多かったようです。人に見せたい機械、素晴らしいデザインと心地よい使い勝手、それにインターネットからアプリを簡単にダウンロードできるから機能も充実しているし、それで自分用にカスタマイズもできる、という人気のポイント満載だったんでしょう。

それで、ｉＰｈｏｎｅは発売された初年度だけで六〇〇万台も売れた。それだけ社会が動いたわけだけど、それは機能が優れていた、使い勝手がよかったから、というだけで説明できるだろうか。そうした機能的価値に優れているのは、もちろん社会が動くためには必要だろうし、そもそも市場への出口のところでは機能的価値は重要でしょうね。

でも、デザインがかっこいいから、それを使っている自分を他人から見られるのが何となく誇らしい、というような感性的な価値も大きかったから、やはり多くの人が心を動かされたんだと思う。とくにデザインは社会を動かすテコの一つになれるよね。デザインは多くの人に見えるものだから、その製品を持っていない人への一種の広告の役割を果たしてくれる。

みらい　私、じつはｉＰｈｏｎｅが出た時に、使いづらいから、ガラケーで十分だからって、しばらく買わなかったんです。

伊丹　なるほど、使いづらかった。ふつうの感想とは違うけど、まあそれもありか。それで、今も使っていない？

みらい　いや、慣れました。

伊丹　なんで慣れるようになったの？　使いづらいんなら使わなきゃいいじゃない。

みらい　みんなに追いつきたかったんです。みんなが使いこなせているから、私もできるようになりたいな、できるかな、と思って。

伊丹　社会が動く場合の、とってもいい理由が出てきた。自分の周りで何かの波が生まれると、その上、波があちこちで見られるようになると、自分もその波の一部になりたくなる、ならないとおかしいように思えてくる。まさに、周囲の視線の中で人間が自分の行動を決めるという、社会力学がそこにはあるね。「みんなに追いつきたかった」という言葉には真実を感じるね。そういう人たちがかなりの数でいるからこそ、ファッションも生まれるし、世論のうねりも出てくるんだよ。それが、イノベーションの最後の段階ではしばしば重要な役割を果たすんです。

スマホって、みんなが見ている前で使う機械だから、デザインや使っているようす自体が人に見える。そういう製品は、いい機能といいデザインがあれば、社会が動きやすいでしょうね。

伊丹のひとり言

イノベーションは、社会が動いて初めて成就《じょうじゅ》するものです。

社会が動いてくれる、というのは簡単なことではありません。もちろん、筋のいい技術を育てることもむつかしいし、市場への出口をつくるのもむつかしいけど、社会を動かすことはそれよりも数段むつかしいでしょう。だから、この第三番目の段階に到達できないイノベーションの試みがたくさんあるんです。

それをイノベーションの失敗と言ってしまうのは、せっかく努力をした人たちに対して申し訳ない気もしますが、しかし一つのイノベーションの成就・成功の背後には、無数のイノベーションの失敗があると思ったほうがいいでしょう。

しかし、そうした失敗がまったくのムダにならないのもイノベーションの世界のよさです。ｉＰｈｏｎｅで大成功したアップルのスティーブ・ジョブズは、自分が創業したアップルから一時期は追われるほど、さまざまな失敗をしてきた人でした。その失敗がおそらく、人々の心を動かす、そしてそれゆえに社会が動く、そのために考えなければいけないことを彼に教訓として残したのでしょう。

使いにくいと思ったスマホを、「みんなに追いつきたかったから、慣れるように努力した」という言葉がこの章の対話の中で出てきましたが、この言葉の真実をじつはジョブズも感じていたのではないでしょうか。自分もやってみたい、自分がやっている姿を人にも見せたい、そう思わせるような製品でなければ、イノベーションにはならない。他人を意識する人間の心理、社会の力学のようなものが、社会が動くためには大きな働きをしているのです。

人間臭い話です。もっとも、社会が動くというイノベーションの第三段階だけが人間臭いのではなく、技術を育てるのも人間、市場への出口を模索するのも最初の需要を出すのも人間なのですから、イノベーションのプロセス全体はじつに人間臭いものです。技術面だけ見ると自然科学のかたまりのように見えるイノベーションも、じつは人間らしいドラマに満ちたものなのです。

第3章

寿司はなぜ回るようになったか

回転寿司というイノベーションの陰に、繊維産業

智恵　お話を伺っていていろいろ考えたんですが、回転寿司って三段階を踏んだイノベーションですよね。

伊丹　たしかに、あれはイノベーションだと思う。昔はあういうのはなかったのに、これだけ広まって、今ではあちこちにいろんな回転寿司のお店がある。社会はたしかに動いたよね。それを議論してみようか、みんなで。「回転寿司のイノベーション」。フォアグラのあとでいいじゃない、食べ物つながりで。

で、回転寿司をイノベーションと言えると思う理由は？

幸　お寿司を安くみんなが食べられるようになった。

伊丹　そういう意味で、たしかに社会が動いたよね。

幸　その前に、市場への出口もできたし。

伊丹　市場への出口がある、社会が動く。イノベーションの第二段階、第三段階のテストに合格するという、そういう話だね。じゃ、回転寿司の技術はどう育ったのか。そもそも回転寿司って不思議だと思わない？　きれいにこう回ってきて、また元へ戻って。あのコンベアの仕組み、最初に考えた人って偉いと思うな。しかも、ああいう技術がないと回転寿司にならない。

みらい　きれいな丸じゃなくて、結構複雑な形に回っているところもありますもんね。

伊丹　ベルトコンベアがずっと回ってるあれ、結構精密機械なの。あの機械を作る企業がわりとたくさん集まってる地域というのがある、石川県のほうに。

なぜ、石川県でそういう機械ができたかというと、一つの大きな原因は繊維の機械の技術の蓄積があったから。石川県というのは繊維の産地だから、織物機械をはじめとして繊維産業のさまざまな工程の機械を作る中小企業がたくさんある。そこで繊維機械を作っていたうちの一人があの機械を作りはじめた。つまり、日本の織維産業が回転寿司を生んだ。また、風が吹けば桶屋が儲かる、という話になるんだけど、じつはそういう例はとても多い。

幸　でも、なぜそもそも寿司を回るようにしようって、思いついたんでしょうね。

伊丹　それはたしかに、繊維機械の人じゃないだろうね。大阪の寿司屋さんがビール工場でビールの瓶がベルトコンベアに載って回っていくのを見て、これを寿司に応用したら、と思いついたそうです。

もっとも、料理を水の流れに乗せて運ぶ、という発想は昔からあった。八王子のほうに水路を店内に回して、その水の流れに小さな船を乗せて、そこに鶏料理を載せて客のところに運ぶ、という趣向の店が昔からあるけど、そういう種類の「客のところに水の流れで料理を届ける」という店はあったんだね。それも回転寿司のアイデアの源泉の一つかも知れない。もっとも、一皿ごとに船にして水の流れに乗せると、すぐにひっくり返るだろうから、自然にベルトコンベアになりそうだ。そうしたら、そんな機械を作っている企業が石川県にあって、そこに頼んだんじゃないだろうか。

最初にアイデアを思いついた人も偉いけど、そのアイデアを実現する技術がないと実行できない。だから、イノベーションというのは必ず筋のいい技術を育てる段階が必要だって言ったでしょう。この場合は、繊維産業から派生した繊維機械産業が育ててくれたわけだ。回転寿司企業が自分で技術を育てた、というわけじゃないだろうね。つまりは、昔からの蓄積のおかげも大きい。変なところでつながってるでしょう。

幸　一からやらなくてもいいですね。

伊丹　たしかに。一からやったら、五十年、六十年の人生じゃ間に合わないって(笑)。

みらい　ちょっとアレンジした、みたいな。

オートバイも自動車も、繊維機械が生んだ産業？

伊丹　他の産業で培《つちか》われた技術を別な形でアレンジしてイノベーションを興した人は、歴史的にもたくさんいます。繊維産業で培われた技術を使ってイノベーションを興した、日本で一番有名な人の一人が本田宗一郎さんですよ。

光希　どういうことですか？

伊丹　本田宗一郎さんは浜松でオートバイ企業を興し、オートバイで世界を制覇して、そのあとに四輪自動車に乗り出した人ですが、浜松って、オートバイ屋さんが多いと思わない？　スズキやヤマハもあるでしょう。じゃあ、なんで浜松か。

いろいろと源泉はあるんだけど、その一つが今の回転寿司と一緒で、繊維機械です。浜松って繊維の産地なんです、やっぱり。木綿を織ったりする繊維の大きな産地なんです。その産地だから、当然、そこにそういう織物機とかを作る人たちがたくさんいた。そういう機械職人がたくさんいるところだから、本田宗一郎がオートバイを作りたいと言った時に、オートバイを作るのに必要な旋盤とか機械工具とか鉄工所とか、たくさんあるわけだ。だから、ホンダは浜松で生まれた。

本田宗一郎が一旦《いったん》そういうことを思いついて、オートバイのいいものを作りはじめると、あいつにできるんだったら俺にもできるだろう、必要な機械や工具は自分の周りにもあるよと言って、次から次へと浜松にオートバイ屋さんが生まれた。だから、そういう土壌のあるところに本田宗一郎が種をまいたことになる。そうすると、種から芽が出て、しかも芽から植物が育っている。隣の畑で自分もやってみようと思う人が、出てきちゃう。

だから、集まるんです、同じ産業の人が一つの地域に。それで、イノベーションというのはある地域で群がって起きる。それは、あいつにできて、俺にできんわけはないだろう、と思う人が多いからだろうね。実物の成功例を身近に見るというのはものすごく大切なの。

みらい　競争が増えるというのは、何かイノベーションにつながるという気がします。

伊丹　そうだね。たとえば、本田宗一郎がイノベーションをやると、あいつにやれるなら俺もやれるって、みんなが始める。そうすると、競争が起きるじゃない。その競争相手を見て、本田宗一郎がますますがんばる。ますますがんばるから次のイノベーションが生まれていく、そういうことだね。

みらい　そうか。きっかけはできたから、あとはもう弾けていくだけで……。

伊丹　弾けるプラス？　みなさんの素朴な質問は本当にいいね。説明してあげたいことが次々と出てくる。

一同　（笑）

伊丹　繊維産業が結果として生んだ他の産業のイノベーション、ってかなり多いんです。ゴルフシャフトや飛行機に使われている炭素繊維複合材料という一種のプラスチック素材はその典型例です。

　日本の産業の中で繊維産業が占めていた地位が昔はものすごく高かったから、繊維産業が生み出した技術蓄積は大きかった。だから、他の産業のイノベーションのベースになる。日本の輸出の五割、六割が繊維だった時期もあったんですよ。今は、自動車が日本の最大の輸出産業だけど。

光希　トヨタも、もともとは自動織機ですもんね。

伊丹　たしかにそうだ。自動織機という繊維機械の発明王が豊田佐吉さんで、その長男が豊田喜一郎というトヨタ自動車の創業者です。

みらい　繊維のお金が回ってますね。

伊丹　繊維機械のお金がたしかに回ってる。

それは、イノベーションが起きる土壌のようなことを考えるとよくわかるでしょう。回転寿司にとっての石川の繊維機械みたいなもので、技術の蓄積が前の人たちのおかげでできていないと、次のイノベーションのネタになる技術を用意できないことになる。

それから、お金がある程度貯まっていないと、新しいイノベーションをやろうという人に、投資する資金がない。トヨタ自動車という会社は、トヨタ自動織機の自動車部として誕生したんです。初期には自動車は赤字続きで、そのお金を賄《まかな》ったのが繊維機械事業でした。豊田喜一郎は自分も繊維機械の専門家だったから、別に佐吉が残してくれたお金のおかげで自動車事業に乗り出したというだけでなく、自分も繊維機械のイノベーションを興して、そこで稼いだお金を自動車という新事業につぎ込んだんだね。

さらには、起業家になるような人がある産業の中の経験から育つんだね。新しいことをやろうとする人は、どこかの産業で働いている中で、新しいことを思いつく。事業の経験も積む。モノ、技術、カネ、人、そういうイノベーションに必要な部品が全部どこかの産業で用意されていたものを、うまく新しい組み合わせで使うとイノベーションのスタートになる。

次々と工夫が積み重なり、イノベーションになる

伊丹　回転寿司に使われている機械技術は、ベルトコンベアで寿司を運ぶ機械の技術だけじゃない。シャリを握る機械とか、いろんなのがあるんです。シャリは人が握ってるんじゃないよ。

紘子　握ってないですね。しかも、最近はオーダーした人の前で皿が止まりますよね。自然に流れてるものの中に自分の食べたいのがなかったらオーダーをすると、早く届く皿があるんです。レーンが二つあって、オーダーしたのは特急で届く。

伊丹　そういう回転寿司屋さんがあるわけだ。誰がオーダーしたかコンピュータが記憶し

て、その記憶した位置の通りにパッと止めればいいわけだから、自動制御としては簡単ではあるけれど、そうした技術まで工夫するんだね。

幸　時間が経ったらもうポイって勝手に捨てるやつありますよね。レーンがよける。お利口になってる。

伊丹　その、レーンがよけるところをお客さんが見えるところに置いてない？　お客さんに見えやすいように。

幸　たしかに見えるところにあります。

伊丹　そうすると、あそこはちゃんと品質に気を配ってくれてるというふうにお客さんにアピールできることになる。

智恵　料金計算のところでも、工夫がありますね。小型店とかだと、お店の人がお皿の色も見て数えるけど、大きなチェーン店だとコインを入れるみたいにガラガラっと皿を入れてやると計算できる。

みらい ちびっ子はそれを、僕がやる、私よ、ってやりたがる。よかったら、うちの皿でも楽しんで、と言いたくなる。

伊丹 それ、どういうこと？　私が入れるって。

智恵 兄弟がいて、どっちが最後にお皿を計算する場所にガッと入れるか、競ってる。

伊丹 それ、楽しみになってるんだ。一種のレジショーだね。お客さんが参加するレジショーを考えたわけだ。えらいな、それも。だけど、最初からショーが狙いじゃなくて、自動計算にしたらそれがショーになっちゃったんでしょうね。

しかも、自分たちが食べた皿をテーブルの上からなくして、すぐにレジへ皿を持って行く。ゴロゴロと機械に皿を入れるプロセスも子供の楽しみになり、かつ店としては自動計算になる。食べている間はテーブルの上に食べ終わった皿は残っていない。

みらい　皿が残っていなかったら、何皿食べたかって覚えてない。だからいっぱい食べる。たしかに、目の前に皿を積まれたら、もうこんなに食べたかって思いますもんね。

伊丹　目の前から皿をなくす。頭いいな、これは。でも、自動計算にした理由はもう一つありそうですね。レジというお金周りでは、バイトさんをたくさん使う店舗だと、従業員が誤魔化してポッケに入れるのをなくしたい、とどこの企業でも思うでしょう。

コンビニでも昔はコストの数パーセントぐらいはバイトさんのポッケだって聞いたことがある。こういうことってあまり表に出ないけど、そういうこともあり、なおかつ目の前から皿がなくなれば、また食べてしまうし、子供は皿を機械に入れて喜ぶ。一石三鳥だね。

紘子　回転寿司って、子供も入れる寿司屋さんですよね。それで親子で行けるからと流行《はや》る。でも、子供はそんなに魚ばかり食べるわけでもないから、ハンバーグののった寿司も出すし、おかずものってるし、プリンも回ってくるし、うどんもくる。

伊丹　それでいいんだよね。回転寿司から始まって、回転レストランにまで進化しているわけだ。寿司でそもそも始まったのは、寿司が比較的高額だからだろうけど、一旦そこで成功すると、次々と新しい工夫を足していける。

だから、そういう小さな工夫が積み重なって、一つの、みんなが驚くようなイノベーションができあがる。今の「回転レストラン」にまで進化した回転寿司は、そのいい例だね。社会が本当に大きく動いたイノベーションのできあがった姿を見ると、当たり前のごとくすべてのピースが存在するんだけど、じつはそのピースの一つ一つは小さな工夫として時間をかけて積み重ねていったもの。一つのイノベーションが完成するまでには、時間がかかるんだ。ちなみに回転寿司が始まったのは、一九五八年ですよ。

マグロ解体ショーはなぜ始まった?

光希　回転寿司って、店舗だけじゃなくて、食材を仕入れるための手立ても変わったと思うんですよね。最近よく焼肉屋さんでも一頭買いって言うんですけど、回転寿司もチェーンでフランチャイズをやることでマグロの一本買いができるようになる。

伊丹　大量にマグロを使うから、丸ごと一本買うこともできる。それはイノベーションというものが実際に起きるために必要な重要な側面を言っています。材料を手に入れるプロセスまで新しくする。そういうことを彼らは考えた。それで全体のコストを安くできるから、お客に提供する寿司の価格を下げられる。

でも、一本買いというのは大量仕入れということになるから、仕入れたものがさばけなくては、残ってしまってコスト高になる。チェーン展開する大きな回転寿司だからこそ、できる工夫だね。それも、マグロだけじゃない。産地直送でいろんな魚を大量に仕入れて、それで寿司の質がよくなるし、料金も抑えられる。だから、回転寿司以外、あんなことをやる寿司屋さんは少ないよね。キーワードは「量」なんだね。

みらい　すでに大きいマーケットがあると、そこに品物を供給するために、むしろ一本買わなくては間に合わない。

伊丹　間に合わないぐらいなんだね。でも、一本丸ごと買うと、自分たちで解体しなければいけなくなる。そこで頭のいい人がいて、それをさばくのを見せたらショーになると考えた。だから、マグロの一本買いは、たんに仕入れの工夫だけでなく、寿司屋の店舗を解体ショーのレジャーランドにしよう、という発想を生んだ。最初は仕入れの工夫のつもりが、次には解体ショーというサービスの工夫につながった。これも、イノベーションはいくつもの小さな工夫の積み重ねだというい い例だね。

しかも、これこそ和食のイノベーション力かも知れない。人前で大きな魚をさばく技を見せるというのは、日本には昔からあることだから。みんなも見たことあるでしょう。平安装束をして、大きな包丁持って、その儀式をやる料理人を。それが昔から日本にあるから、あのイメージで、「お、あれだ」と思った人がきっといたんだ。

みらい　なるほど。その上に、目の前で解体ショーを見せられると、つい気が大きくなって、「中トロ四個」とか注文したくなっちゃう。財布のヒモがゆるむんでしょうね。

伊丹　たしかに。解体ショーを見せるからといって特別にサービス料金を取るわけじゃないけど、余分買いを誘発できれば、十分追加の売上になるね。頭いいな。

料理するプロセスを見せるイノベーション

伊丹　でも、料理しているプロセス自体を美しく見せて、それを売り物にする食のイノベーションというのは、回転寿司以外でもたくさんありそうだね。

たとえば、ロッキー青木というＢＥＮＩＨＡＮＡ東京（BENIHANA OF TOKYO）というステーキハウスをニューヨークで始めて大ヒットさせた人。この人が一九六〇年代にニューヨークでステーキハウスを始めた時、お父さんがボードビリアンだったことも影響して、鉄板でステーキを焼くプロセス自体をパフォーマンスにしようと考えた。今でも、鉄板焼きステーキって、客の目の前に鉄板があって、料理人が長い包丁とフォークを見事に操って、ときどきチャンチャンと音を出しながら、きれいに肉やエビを切っていくでしょう。あれを考え出したのが、ロッキー青木さん。

これが、ニューヨークの日本人ビジネスマンに受けた。別に料理のパフォーマンスを見たかったからではなく、アメリカ人を接待する時に（ニューヨークだから当然、アメリカ人が圧倒的に多い）、食事の間にあまり相手としゃべらなくて済むから。アメリカ人のお客さんは、包丁を鮮やかに使うパフォーマンスに見入ってくれて、自分たちに話しかけない。英語のあまり上手でない日本人ビジネスマンにとっては、これはありがたかった。

もちろん味もおいしいんだけれど、プラスアルファでそういう要素があったもんだから、日本人の間で流行った。連れてこられたアメリカ人にとっても、珍しい、こんなことチャンチャカやって、チャッチャと切ってくれるわけだから、ちょっと見ものだぞと人気が出た。これ、完全にイノベーションね。マグロ解体ショーを思いついた人は、鉄板焼きステーキのことが頭にあったんじゃないかな。

紘子 いろんなことがつながっているんですね。

伊丹 回転寿司はイノベーションの面白い事例でしたね。回転寿司って、自分の好みの寿司を安い値段で食べられる、しかも子供も連れて行ける。雰囲気的にも価格的にも。いいところに目をつけたよね。でも、最初に機械なんかを入れなくてはいけないから、結構な投資がいるよね。だから、ある程度の値段でないとモトが取れない。それで、寿司で始まったんだと思う。しかも、機械の技術は他の産業が準備してくれていた。

でも、回転寿司屋を最初に始めた人も、これは絶対行けるぞと思ってやったんじゃなくて、何か行けそうだからって、ちょっとこわごわ始めたというのが本当だと思うよ。そしたら、お客さんが来たから、次々よくなっていっちゃう。そうすると、新しい店が入ってきて、競争が起きる。その中で弾ける人が出て——この弾けるって表現はいいね——その弾けた人がまた何か新しい工夫をする。それが積み重なって、最後にはマグロの解体ショーにまで行き着いて、回転寿司屋がレジャーランドとなる。入場料金は取らないけど、寿司をたくさん食べてしまうという料金の取り方で、これもイノベーションといえば、イノベーション。気分買いを誘うというのは古くからある工夫ですけどね。

伊丹のひとり言

イノベーションは、過去からのつながりの中で萌芽《ほうが》が生まれ、そのあとで誰かが弾けて加速するものです。

回転寿司というイノベーションは、まさにそういう例だったのではないでしょうか。そのプロセスの中で、「弾ける」という言葉で表現されるような、誰かが思い切った行動に出ることの大切さを、この対話の中で私は学びました。「弾ける」とは女性らしい感性が表れ出た、いい言葉です。

しかし、弾けたご当人は、とくに思い切った挑戦をした、などとは自分で思っていない可能性が高いと私は思います。当人は、弾けざるを得ないから弾けたのでしょう。それ以外に一歩先んじる行動を思いつかなかったのだと思います。

それでいいのです。イノベーションは、成就してみると大きな成果を生むのですが、その渦中にいる人たちにとっては、一つの行動でホームランを打とうと思ったのではなく、懸命にその場その場でがんばっている。それで、ときに弾ける。それを多くの人が競争してやっていると、弾けることの連鎖が起きて、その結果としてイノベーションになっていく。

イノベーションの渦中の人たちは目の前の壁を乗り越えるのに懸命なだけ。ただ、意識はしていなくても、彼らが壁を乗り越え、弾ける行動をなぜとれたか、なぜそうした行動が成果を生めたのかを考えると、その背後には過去からのつながりがあります。ときには異なった産業の先人たちが残してくれた財産が生きているものです。

よく、歴史は跳ばない、と言います。社会の歴史をよく調べると、どこかで何かがつながっている、ということです。イノベーションは、その結果だけを見ると大きなインパクト、ジャンプに見えます。しかし、その背後にある小さなつながりと弾けの連鎖まで考えると、イノベーションの世界でも歴史は跳ばない、と言えるでしょう。

第4章

イノベーションは
バトンタッチで膨らんでいく

本当のニーズか、錯覚か

紘子　一度味わったおいしい料理やワインなんかの味を記憶できるような携帯装置、っていうイノベーションはできないでしょうか。思い出せないあの味っていうのを思い出してくれたら幸せだし、未来に写真は残せるけど、味わったものって残せないなと思って。

伊丹　うーん、どうやって技術的に可能か、僕にはまったく見当がつきませんが、ただあまりセンスのいい機械じゃないように思う。

紘子　エ〜、どうしてですか。

伊丹　味というのは、その時の状況に左右されそうだし、それを記憶装置に残せたとしても、実際に使うかな、って思ってしまいます。大体、何かをとっておくと便利そうで、それをいつでも使えるようにしておくと便利、と思ったら、みなさんの家の机やタンスの中を見てみたらいい。何かの時に使うというんでなぜかとっておくけど、ずーっと使わないものが山ほどあるでしょう。

ただ、実際に技術的にできて安いものなら、小さい売上はあると思う。市場への出口という意味では小さい市場はありそう。タンスや押し入れの中の小物の整理のためのアイデア商品って案外売れるじゃない。そういうものを一度買って、実際に整理に成功すればもう必要はないはずなのに、同じ人が次々と整理グッズを買う。あれはいかにみんなが整理していないかという証拠だよね。前に買ったんだから整理していれば、もう次の製品は売れないだろうと思うんだけど、また、売れるんですよ。

光希　不思議ですね。

伊丹　不思議でも何でもないよ。みんなが結局は整理はあまりしない、しかし整理したいとは思っている、という大前提に立てば、次から次へ需要は生まれてくるはずです。

みらい　そもそも、整理グッズを整理するものが出てくるんです。

伊丹　本当ですか。ほとんど、お笑いみたい。一瞬の錯覚だろうね。

みらい　一瞬便利と思っちゃう、みたいな。

伊丹　それは、本当のイノベーションと「ちょっとヒット」の違いかも知れない。「ちょっとだけヒットして、あまり長続きしない」という商品が案外あるんだけど、そういうものはだいたい一瞬の錯覚に訴えてるものが多いんでしょうね。しかし、本当のイノベーションは錯覚ではない。本当に人間のニーズに合っているからこそ広く長く使われる。錯覚か、本当のニーズか、この違いは微妙な時もあるけど、かなり大切ですね。

だけど、「ちょっとヒット」というのは人間の錯覚に訴えるから、錯覚からさめた時の反動も一瞬はありそうだ。それで需要はなくなりそうなものですが、しかし、人間はよくできたもので、自分が錯覚に引っかかって、それがさめて、あれは錯覚だったということを認めたくない人もたくさんいるから、だから類似商品が売れ続けるんだ。ゴルフの練習道具なんて、案外そうかも知れない。

僕はゴルフ好きでゴルフの道具好きですから、自分のことを振り返るとたしかにそうですね。よく考えると、ゴルフのスイング自体が錯覚のかたまりなんだ。

光希　本当ですね。たしかに、ゴルフなんて教える人によって、言ってること、まったく違うじゃないかっていうことってあったりしますよね。

伊丹　だけど、どこかで自分の思ってた錯覚をゴルフのレッスンで正してくれる部分がたしかにある。だから、その瞬間、いいなと思うわけだ。でも、よく考えてみれば、錯覚を無数にしてるわけです。そして、次々と新しい錯覚をして、道具を買い続ける。

「味の記憶装置」も案外それに近くて、だからある程度の市場はできるでしょうが、イノベーションとして長続きするものにはなりそうもないと思います。しかし、「ちょっとヒット」とイノベーションの違いをきちんと考えるのは、大切なことだね。それに気付かせてくれました。

インスタントラーメンは本当のニーズに届いて、しかもバトンタッチ

幸　でも先生、インスタントラーメンなんて「ちょっとヒット」の商品みたいに思えます

けど、昔からずっと売れ続けていますよね。それに、カップヌードルができたり、いろいろなタイプの即席麺が出てきたり、あれはイノベーションじゃないですか。

伊丹　イノベーションだと思うよ。インスタントラーメンの最初の製品はチキンラーメンという商品で、ラーメンどんぶりの中にチキンラーメンを置いて、お湯を入れてフタをして三分待つ。それで、チキン味のラーメンが食べられた、画期的な製品だった。開発したのは安藤百福《あんどうももふく》さんという人で、別にエンジニアでも何でもないけど、執念で作っちゃったんですね。一九五八年発売だけど、最近、復刻版が出ましたね。僕は、これが出た頃に中学生で、高校受験の時に夜勉強してると母親が作ってくれたよ。おいしかった。

みらい　私『サザエさん』がすごく好きですが、その中にチキンラーメンが出てきます。新聞連載マンガだから、時事ネタが盛り込んであるんです。カツオとサザエさんがヤカンの前にいて、シューッと湯気が出ている。水を沸騰させてるんです。「カツオ見なさい」って。「これを見て何とかさんという人は蒸気機関を発明したのよ」って。カツオは、「変わり者だね、そんな人」って。なぜなら、「チキンラーメンのためにお湯を沸かしてる時にそんなこと考えられないから」というオチなんです。

伊丹　そう、マンガネタになるくらい、当時評判だったんです。その上、チキンラーメンは単発の「ちょっとヒット」では終わらなかった。やはり簡単にラーメンを食べたいという人間のニーズにきちんと応《こた》えていたんだね。それに、インスタントラーメンでは、バトンタッチが起きています。チキン味以外のラーメン、どんぶりにお湯で温めるのではなくてナベで煮るラーメン、さらにはカップヌードルのような洋風のものなど次々と新しい技術、新しい味とバトンタッチしていって、インスタントラーメンというジャンルがイノベーションとして立派に確立したわけ。

インスタントラーメンの例でよくわかるのは、錯覚でなく本当のニーズに応えていること、バトンタッチが起きていること、この二つがイノベーションとして成立するかどうかを決める条件でしょうね。

だけど、錯覚か本当のニーズか、というのはむつかしい問題だね。整理グッズの場合を考えてみれば、整理するというのは本当のニーズだけど、提供された製品を怠惰な人間が使っても、そのニーズにまで届かないところで終わっちゃうんでしょうね。だから、買う前は錯覚が起きる、しかし買ったあとは本当のニーズに届かない、ということで溝に落ちちゃうんだね。でも、人間は性懲《しょうこ》りもなく次は溝を越えられると思って、錯覚して、また同じような製品を買うんだね。

インスタントラーメンの場合は、たとえば受験生が簡単においしい夜食を食べたい、という本当のニーズにきちんと届いた製品だった。しかも、似たようなニーズは受験生以外にも多くの人がもっている。だから、錯覚の溝に落ちずに、きちんと本当のイノベーションの側に行けた。本当のニーズに届いていれば、社会の中の多くの人がそれを欲しがる。つまり、社会が動くんですよ。

そうしていったん社会が動くと、動いた結果として生まれるかなりの市場需要をめがけて次のバトンタッチが出てくる。供給側に、前の製品からのバトンを受け取りたいという強い欲望が生まれて、そのための開発努力をするからでしょうね。それでバトンタッチが成功すれば、社会はまた動く。そうすると、さらに次のバトンタッチへの試みがあちこちで生まれる。こうしてバトンタッチがいくつかつながれば、イノベーションと呼んでもいいと多くの人が思うような、大きく社会が動くという現象になるんでしょうね。

イノベーションはバトンタッチだね。次はそれを考えましょうか。

バトンタッチの起きやすいスマホ、起きにくいコンタクトレンズ

伊丹　イノベーションには、多くの人が関わる。一つのイノベーションの中で起きる三つの段階（技術、市場、社会）を全部をこなすには、とても一人ではできない。それに、時間もかかる。だから自然にバトンタッチにならざるを得ない。技術開発の人とマーケティングの人、とイメージしてみれば、よくわかるでしょう。

しかし、一つのイノベーションが起きたあとで、それをさらに増幅するような同じ分野での次のイノベーションへとバトンタッチが起きることも案外ある。回転寿司はまさにその例で、ベルトコンベア方式を開発した人とマグロ解体ショーを思いついた人とは、おそらく違う人でしょう。

そんな、一連のイノベーションの連続の中で、バトンタッチがたくさん起こるイノベーションと、それほどでもないイノベーションと、両方ありそうですね。たとえば、コンタクトレンズと携帯電話を比べてみると、両方ともたしかにイノベーションだけど、バトンタッチが起きてイノベーションが波のように次々と重なっていったかどうか、違いがあり

そうです。バトンタッチが次々と起きて、イノベーションがどんどん膨らんでいく携帯電話と、あまり膨らまずに、しかしそれなりに社会を動かしたというコンタクトレンズ、という違いかな。

携帯電話は、自動車電話といわれていた時代からスマホまで、間にさまざまな世代のガラケーやｉモードなんかを挟んで、さまざまなバトンリレーがあった。コンタクトレンズは、ソフトコンタクトレンズというような波はあったけど、イノベーションが膨らんでいった、という印象はない。

光希 ないですね。でも、バトンタッチが起きやすいものと起きにくいものとの違いは、何ですか。

伊丹 そのイノベーションの背後にある、ニーズの深さと技術の深さ、その二つの深さによるんだと思う。簡単に結論的に言えば、深さがあるとバトンタッチが起きやすい。

技術の深さの話からしましょうか。コンタクトレンズとスマホを比べたら、部品の数が全然違うでしょう。ということは、いろんな科学技術にスマホは支えられてるわけだ。コンタクトレンズは、ある一つの特定の技術なんだよね。いろんな技術に支えられてるということは、どこかの技術がヒュッと上がると全体がグッと上がって、また別なところがヒュッと上がると全体がグッと上がって、ということが起きやすい。だから、みんなが次から次へと新しくするための努力をする余地が多い。技術の幅の広さ、という意味での一種の深さがあるね。

もう一つの深さは、背後に存在する物理学とか何かの原理の究極に迫るか、みたいな科学の限界への挑戦があるかないか。スマホの背後にある大量データ送信というのは、たとえば電気信号をどうやってあれだけ速く送るかだけをとってみても、物理の限界みたいなことに挑戦してるわけだ。やる連中もやる気になっちゃうんだ、そうすると。

智恵　まだ、行けるって。

伊丹　世界中でこんな速いスピードで送れるようにした人はまだいない、そのために光を使います、何を使いますって一生懸命考えるわけだ。頭のいい連中が。コンタクトレンズは、そこまでいろいろと物理の限界に挑戦するということが少ないから、その分野ではすごくがんばってると思うけど、ちょっと深さが浅い。

スマホの世界は、それに加えてソフトがからんでくる。快適に何か動くとか、いろんな機能が付け加えられるとか、すべてソフトがやってくれている。そういうソフトをあれだけの種類作るのは、大変ですよ。たとえば、指でスクリーンをピッとなぞると画面がすっと動く。あれはタッチセンサーで人の指がどこにどの方向で触ってるかっていうのを感知して、指の動く速度を測って、こういう時にはこういうふうにしろという指示を出すという、すごいソフトが背後にあるわけだ。

だから、次々といろんな改良をいろんな人がやってくれている。バトンタッチというよりは、運動会の玉入れみたいなイメージでもある。

こうやって、技術の幅の豊かさと科学やソフトの限界への挑戦という二つの意味の深さがあるから、そりゃバトンタッチが自然にあちこちで起きていくんだ。それで、イノベーションがどんどん膨らんでいく。その上に、ニーズの深さという点でも、コンタクトレンズは視力の矯正というニーズで深さはそれなりにあるだろうけど、社会の中の広がりをも考えた深さという点では、スマホにはかなわないでしょうね。情報を送ります、貯めておきます、他人の貯めた情報を含めていつでも見られます、という情報に関わるニーズは、誰でももっているし、広がりも果てしなく大きい。むしろ情報へのニーズは、知れば知るほどさらに知りたくなる、という加速性がありそうです。これも、イノベーションへの要求を膨らませていくことになるでしょうね。

バトンタッチで、ふつうのカメラからカプセル内視鏡へ

紘子　カメラって、ものすごく進化してきていて、しかも変化が激しい。これはバトンタッチが起きてきた例ですか？　だって、もともとは感光板に画像を記録していたのが、フィルムが発明され、さらに記録媒体が半導体メモリーになってデジタルカメラが登場した。機械のほうも、昔は大型だったのに、ふつうに持ち出すことができる大きさになり、ついには携帯電話にデジカメが付いちゃった。機能でもオートフォーカスができるようになったり、画質も一〇〇〇万画素というのがふつうになっている。バトンタッチがいろいろあったように思えるんですけど。

伊丹　たしかにそうだね。画像をとる、という本質的ニーズは昔から社会の中のあちこちに多様にある。それは変わらない。記念の写真をとるのも画像だし、建築工事の過程を証拠記録として写真にしておくのも画像だからね。だから、カメラは本当のニーズに届いている。その上、光を受ける技術や記録する技術が進歩するから、次々と新しいタイプのカ

メラが出てくる。技術の深さもあるんだね。だから、バトンタッチが起きてきた。

光を受けるのは昔はフィルムだったのが、今では半導体の一種である撮像素子というもので光を受けている。そこで受けた光の情報をデジタル化して、半導体のメモリーに記憶させている。だから、じつはフィルムというのは光を受けることと記録することを一つの材料、フィルムでやっていた、とても優れものだった。それが、今ではもうほとんどなくなっちゃったけどね。技術進歩で一つのもの（フィルム）が衰退していったケースですね。しかし、その代わりにデジタル化されるとカメラの可能性も大きく広がった。

たとえば、携帯電話についでにカメラを付けるなんて、フィルムのカメラでは絶対に無理ですからね。その上、写真がデジタル化されたことで、インターネットにアップするとか、みんなで共有するとか、画像の使い方にものすごく広がりが出た。バトンタッチでイノベーションが膨らんできた、典型的な例でしょうね。

紘子　でも、ミラーレス一眼というのが日本ではすごく言われてるんですけれども、アメリカとか海外ではそんなに受け入れられてないらしいんです。デジカメもガラパゴス化して、ガラケー（ガラパゴス携帯）のように世界では受け入れられないものになってくるのかなと、心配ではあります。

伊丹　それは、カメラのイノベーションはもうこの先がないかも知れない、っていうこと？

紘子　これ以上動かない。収束していってしまうかも知れない。

伊丹　それはどうかな。画像をとるというニーズは、社会の中にこれからも存在し続けるだろうし、しかも技術の進歩でこれまでは考えられもしなかった画像のとり方ができるようになっている。だから、バトンタッチがこれからもいろんな形で続いていく可能性が十分あると思います。

たとえば、カプセル内視鏡。大腸カメラと胃カメラはすでに消化器官の中の画像をとる装置として使われていますが、それぞれ何かコードの付いた撮影デバイスを外から入れて、画像をとる。しかし、小腸は曲がりくねった器官の中の奥のほうにあるから、コードがついた装置は入れられない。そこで、カプセルの中に撮影デバイスと無線の発信装置を入れて、口から飲む。医療用のカメラのバトンタッチは続いていますよ。

みらい　そうか。カメラっていうのは、いわゆるカメラのイメージじゃなくて、派生系も進化してるということですね。

伊丹　そうそう。胃カメラというのは、カメラを胃に無理矢理入れようとした人がいたわけ。見たいから。ガン検診のために。東大の医学部の先生とオリンパスという会社の人が協力して、本当に飲み込むのに辛《つら》い内視鏡というのを日本で初めて作ったわけ。これもカメラですよ。その後、カメラは小さく、管も細くなって、だんだんと辛くなくなった。そこから始まったバトンタッチの先に、カプセル内視鏡がある。

太陽光発電の背後に共同幻想?

伊丹　こうしてバトンタッチが続いて、イノベーションが膨らんでいくのがいいイノベーションなんだけど、そのためにはバトンタッチへの参加者が多いことが肝ですね。参加者が多ければ、新しいニーズの開拓も、必要な技術の開発も、分担してやってくれる人の数が多くなるから、イノベーションの可能性が高まります。

幸　でも、そのバトンタッチに参加したいと思う人が多い場合も少ない場合もありそうですね。多くなるのは、どんな時ですか。

伊丹　僕が今まで説明したきた理由を振り返ると、技術の深さがあると参加者が増える、社会のニーズが大きいと参加者が増える、ということでした。でも、「深さがある」とか「ニーズが大きい」とか、どれも人によって認識が違ったりするよね。だから、多くの人の認識が一致する時が、バトンタッチの参加者は増える時だと思う。

もっとも面白いのは、「多くの人の認識が一致する」っていっても、「正しい認識に一致する」ばかりとは限らない、ということ。多くの人が共同幻想をもっても、認識だけは一致します。真実では必ずしもない、正しくない認識を幻想というわけだけど、それもみんなが共通してもてば、「認識が一致して」バトンタッチへの参加者が増えることもある。赤信号でも、みんなが青信号だと思い込んでいれば、一斉に横断歩道を渡れるというようなもんです。幻想だからって、バカにしちゃいけない。完全な幻想はダメだけど、技術的なポテンシャルが大きいとか、今は立ちはだかっている技術の壁を乗り越えられる可能性があるとか、可能性についての幻想はときにみんなの力を結集する核になることがあります。そうすると、それだけの努力をみんなが注ぎ込むことになるから、結構無理難題が解決して、結果としてイノベーションが達成できることもある。

最近でいえば、太陽光発電がそうした共同幻想がイノベーションへの努力投入を引っ張ってきた、いい例でしょうね。ただ、残念なことに、大きく前へ前へと進むイノベーションの膨らみにまではまだなっていないけど。

太陽のエネルギーを電気を発生させるのに使おう、というのは昔から多くの人が夢を描いていた。太陽のエネルギーのすごさは、人間誰しも感じるからね。それで、一九七三年に石油危機が日本をはじめ世界を襲って、電力の大半を石油燃焼によって作っていた日本が窮地に立たされた時、サンシャイン計画という計画を国が始めた。太陽のエネルギーで電気を作る、という国家プロジェクトです。最初は太陽熱でした。次が太陽光を使った電池での発電。今、東日本大震災後の日本であちこちにソーラー発電所ができている、その原型は四十年前のサンシャイン計画にあります。

サンシャイン計画は大きな国家プロジェクトになりましたが、それ自体、太陽のポテンシャルへの一種の共同幻想だったようです。それで国が肝いりで資源を投入したし、バトンタッチをしようという参加者も多かった。しかし、技術の壁は思ったより高く、経済的にペイする発電源とはならなかった。それで共同幻想がしぼみかけていたら、東日本大震災で原発事故が起きました。また太陽光発電への夢が大きくなった。共同幻想がまた出てきて、今度はさらにバトンタッチへの参加者が増えたようです。

今回こそ、共同幻想からイノベーションが膨らんで欲しいと思います。これまでにすでにかなり進んでいるんですから。でも、技術の壁はかなり高いから、時間は大方の希望よりも長くかかりそうに思いますが。

伊丹のひとり言

イノベーションとは、誰かが本当のニーズをまず小さく掘り当て、その小さなきっかけを多くのバトンタッチが膨らませていくものです。

バトンタッチといえば、リレーのイメージです。そして陸上競技のリレーでは、アンカーがゴールインする場面がハイライトです。イノベーションのバトンタッチでいえば、最後に社会が動いて、イノベーションらしい大きな需要が生まれたその時に、バトンを受け取ってイノベーションの果実を手に入れる場面が注目を浴びるのです。

しかし、リレーと同じように、イノベーションのバトンタッチにも、スタートを切った人、そのあとで注目されない中をバトンを持って中継ぎをきちんとしている人もいます。彼ら・彼女らに、私たちは思いを馳《は》せるべきでしょう。

イノベーションリレーのスタートを切る人は、自分が目指しているものが本当のニーズ、社会の中に広く存在するニーズなのか、あるいは錯覚だけれど小さな需要はあったということなのか、わからないままにスタートを切るのが、ふつうでしょう。その時、錯覚かもわからないと覚悟してスタートを切る人は立派です。

その人は、まだいい。スタートを切った人として、歴史に名が残るかも知れません。しかし、中継ぎのバトンを受け渡していった多くの人たちは、もっと目立たないでしょう。しかし、彼らが新しい工夫という名のバトンをつないで最初の需要を膨らませていかなければ、最後のアンカーの華やかなゴールはないのです。

バトンタッチに参加する人たちの多さがイノベーションの肝、とこの章で私は言いました。彼ら・彼女らの多くは、それぞれに貢献をしながら、最後の果実を享受することはできなかった人たちかも知れません。しかし、スタートを切った人、バトンをつないだ人たちがいたおかげでイノベーションが成就することを、忘れてはならないでしょう。

第5章

イノベーションの地層が面白い

ポケベルがスマホの先駆けだった

みらい　前に携帯電話やｉモードのお話を伺って、ポケベルのことが気になっていました。ポケベルってちょっと残念な存在だなって思っていて。何か携帯が熟成していくまでの場つなぎみたいな感じがします。ポケベル自体は、システム的にはすごい単純で、端末も安く、デザインも増えたので結果的にマーケットが広がった。女子高生とかはみんな持っていた。とにかく暗号のようにすごい流行ってたり、あとドラマのテーマになったり、流行歌の歌詞にも出てきたりというところで、これで社会も動いた。ポケベルの最初は数字の暗号のようなものから、次は文字が打てるようになって、そこからさらにピッチ（ＰＨＳ）が出てきて、最後に登場した携帯をやっとみんなが買えるようになってきた。でも、ポケベルは短い命で、さようならという感じ。

伊丹　それは、面白い話だね。今、「携帯が出てくるまでの場つなぎ」と言ったけど、ポケベルと携帯とのつながり方を見ると、ポケベルがなければ携帯電話はあんなに普及しなかったということが言えるんじゃないのかな。場つなぎというより、携帯という次のイノベーションのための発射台という感じ。

携帯が一気に日本で普及した大きなきっかけは、iモードが流行ったことでした。だけど、iモードを日本社会が受け入れたのはポケベルがつくってくれた土壌があったからじゃないのか。ポケベルで電話線経由でメッセージの交換を女子高生を中心に盛んにすでにやっていた。親指で目にもとまらない速さで端末のキーを打つスキルも多くの人がもつようになっていた。そこへ、iモードが登場した。携帯電話の初期のユーザーには、あれは高級ポケベルに見えたんじゃないか。

みらい　たしかに、もっといいポケベル出た、ぐらいの感覚だったかも。

伊丹　iモードの端末は、インターネットでメールができるモバイル端末として世界で最初に普及した例です。外国じゃ、ああいうものがなかった。外国はかなりしばらくの間、電話は「もしもし、はいはい」、インターネットはパソコン、と分業していた。日本はその分業をしなくてもいいiモードというサービスを可能にした携帯電話をドコモが作った。携帯電話でデータ通信やって、インターネット端末として使えるようにした世界最初のイノベーションがＮＴＴドコモのｉモードなんです。それを受け入れた土壌をポケベルがつくってくれていたとしたら、ポケベルのメインユーザーの女子高生にドコモは足を向けて寝られませんよ。

光希　でしょうね。

一同　（笑）

智恵　これはたしかに、社会を動かしましたよね。

伊丹　これはイノベーションがどういうふうにして次のイノベーションを生んでいくかというすごくいい例になっていて、ポケベル、ｉモード、その次に来るのがスマートフォンでしょう、世代としては。だから、ポケベルはスマホの先駆けだったんですよ。

イノベーションの歴史には、地層の累積がある

伊丹　じゃあ、スマートフォンて何だろう。あれ、携帯電話ですか？

みらい　パソコンですよね。

伊丹　完全に持ち歩き可能なモバイルパソコンだよね。操作のやたらと簡単な。それで、たまたま電話もできるんだよ。ちょっと年いった男性が、「あんなカマボコの板で電話ができるか」って怒ってた。ガラケーみたいにちゃんと角度がないから、通話しにくい、っていうこと。それはたしかに不便と言えば不便だね。しかしそれを聞いて、スマホっていうのはそもそも超小型モバイルデジタル端末、つまりパソコンだと思うべきだ、と思いました。あれは電話と呼んじゃいけないんだ。しかし、携帯電話がなければ、ああいうモバイルパソコンは絶対に生まれなかった。なぜか？

紘子　インフラですか？

伊丹　そう。携帯電話があんなに普及したから、日本中、世界中、携帯電話通信網を作ったわけ。その通信網は、電波が飛んでるインフラです。その電波の中身として、会話の音声が送られているのか、インターネットのデータやメールが送られているのか、インフラとしては関係ない。その電波があっちこっち飛ぶ仕組みを携帯電話のために、「もしもし、はいはい」のために作ったんですが、その能力が進歩して画像データすら送信できるようになった。それなら、この携帯電話通信網を通信手段として使うモバイルパソコンを世に送り出せば、インターネットを誰でも自由に使えるようになる。それが、スマホです。だから、インフラとしては携帯電話の通信網がないとスマホは絶対無理。もっとも、携帯電話の通信網でなくても、Ｗｉ‐Ｆｉの通信網でも何でもよかったかも知れない。だけど、最初に、「もしもし、はいはい」のために作られた携帯電話の通信網があったから、そのインフラを使ってスマホが登場したわけ。

だから、スマホは、電話が本体じゃない。ついでに電話もできる、デジタル端末でしょう。みなさんも、ほとんどインターネットの端末として使ってるんでしょう、スマホって。

みらい　私はそうですね。

光希　私も会社用の携帯はガラケーで、もう十分。話すのは、むしろこっちのほうがいいぐらいです。

伊丹　でしょう。だけど、ポケベルからiモード、iモードからスマホ、というつながりは大切だね。女子高生がポケベルのベースをつくってくれて、それがiモードにつながり、そこでできた携帯電話通信網というインフラを、スマホという次のイノベーションが使っていく。

だから、イノベーションには地層があるんですね。大地の地層のように前の世代のものが下に累積しているんです。その累積をつくった人からは想像もできないようなものが、次の世代のイノベーションとして、上の地層として生まれることもある。回転寿司はそのいい例で、石川県の機械屋さんは回転寿司用の機械を作ることになるなんて、想像もしていなかったでしょう。

幸　でも、同じような分野で最新のイノベーションが出ると、旧番というのはイノベーションと呼べなくなるのかと思っていました。

伊丹　いや、すべてイノベーションで、それが積み重なって地層になっていると思えばいい。一つのイノベーションというのがある時代にあって、その土台の上に次の時代のイノベーションが起きるんです。思いもかけない土台もありうるし、そこから新しいものが生み出されたら、それは地層が一層加わったと思えばいい。

抗生物質の最初の地層はペニシリン

伊丹　すべてのイノベーションは、歴史的に地層として累積する。だから、一つのイノベーションを見たら、その前の地層は何だったかと考えてみると、なかなか面白いことが見えるかも知れないね。

たとえば、今私たちがさまざまな感染症の治療でお世話になっている抗生物質。風邪で高熱が出たり、どこかがひどく化膿した時に使う薬ですが、これもいろんなイノベーションの地層が重なった結果として今私たちが使っている薬まで進歩してきている。

その地層の重なりの中心は、ペニシリンでしょうね。日本では戦後やっと利用可能になった抗生物質のはしりです。僕も幼児の頃、ひどい筋肉化膿症になったんだけど、この薬のおかげで命が助かった。

ペニシリンというのは、一九二八年にイギリスのフレミングというお医者さんが発見した、世界最初の抗生物質です。彼が発見したのは、青カビにはじつは殺菌力があるということで、その殺菌力の大もとの物質を発見してペニシリンと名付けたんです。フレミングという人はブドウ球菌に関する培養実験をしている時に、夏休みのため研究室を一週間ほど離れたんです。その時に部屋にカビが舞い込んだ。それが培養実験していた器具の上に落ちた。帰ってきてみたら、菌が死んでいた。何だこれは、殺菌力があるんじゃないか、と彼は思った。それで調べはじめて、ペニシリンを発見したんです。

偉いよね。偶然、菌が死んでたんです。彼には何かの殺菌能力を試そうなどという意図は全然なかった。ただ、彼は戦場などで化膿で死ぬ人たちを助けたくて、菌を殺すにはどうしたらいいかということにずっと興味をもっていろんな実験をやっていた人ではあった。

しかし、それとは関係のないはずの実験をやっている時に、たまたま青カビが飛んできた。しかも、その時のロンドンの気候がちょうど青カビが増えるのに適切な温度と湿度だった。それで青カビが増えて、そのカビの周りだけ菌が死んでいた。すべて偶然起きたことなんです。

そうやってフレミングが青カビが作り出す物質には殺菌力があるということを発見したんだけど、彼はその物質をきちんと取り出す（単離という）ことに成功したわけではなく、こうした物質があると発見しただけ。その物質をきちんと取り出して特定し、それを作り出す菌の研究やそれを物質として抽出する方法の研究をきちんと行って薬の形にまでしたのは、別の人たちでフローリーとチェインという二人だった。その成功は一九四〇年で、フレミングの発見から十二年後です。

フレミングとフローリーたちの間には直接の接触はなかったようです。フローリーは雑誌の論文で殺菌力のある物質についてのフレミングの論文を読んで、自分たちでその先の研究をやったわけ。言ってみれば、フレミングがペニシリンを発見して、フローリーとチェインがペニシリンを再発見した、ということなんです。だから、彼ら三人がノーベル賞（医学・生理学）を一九四五年に共同で受賞している。

このペニシリンが感染症の薬として大成功したから、今度は別の微生物から違った殺菌力（異なった菌を殺せる力）をもった抗生物質を作り出せないか、と世界中の研究者が懸命になって探し回った。微生物ですから、いろんな土地の土壌の中に生きている微生物を探し回るんです。そうして日本でもさまざまな抗生物質が開発されて、その多くが薬として成功しました。日本の製薬企業の得意技の一つが、抗生物質ですよ。

フレミングの地層、フローリーとチェインの地層、そしてその後の多くの抗生物質開発の地層と地層が重なって現在の私たちの感染症への備えができてきているわけ。しかも、最初の地層は偶然の発見だからね。イノベーションの地層はじつに面白い。

一つの地層の中のバトンタッチ、地層の間にはブリッジ

紘子　先ほどはイノベーションにはバトンタッチがつきものだ、という話でしたが、フレミングとフローリーたちとの間にはバトンタッチはなかったんですか？

伊丹　むつかしいところだね。つながってはいるんだから、バトンタッチがあったとも言えそうだし、時間間隔がずいぶん空いているから、バトンタッチはなかった、けれど再発見が行われた、とも言えそうだし。

まあ、バトンタッチというイメージはリレーで直接に接触して交代するイメージだから、この場合は、地層が違う、バトンタッチはなかった、と解釈するのが素直だろうね。でも、フレミングの地層とフローリーやチェインの地層は、研究論文を通してつながってはいる。研究論文が橋をかけている。つまり、地層間ブリッジがある、と表現したらニュアンスが伝わりそうだね。

バトンタッチというのは一つの地層の中で、関係者の間のかなり近い関係性の中でつながっていく話。ブリッジというのは、ちょうど川の両岸のように離れた場所をつないでいる、つまり二つの地層の間のつながりの話、と考えればいいでしょう。

両方ともイノベーションが重なり、膨らんでいくのに重要な役割を果たしそうだね。でも、バトンタッチはかなり自然につながっていく現象、ブリッジというのは意図的につなげようとしないとつながらない現象、と言えそうです。

たとえば、新幹線というイノベーションを考えてみましょうか。東海道新幹線が誕生したのは、一九六四年。東京オリンピックの年でした。英語で弾丸列車と呼ばれ、当時としては世界最高速の列車でした。しかも、大量の旅客をまったく人身事故なしに、きわめて正確なダイヤで運べる、世界的に見ても素晴らしいイノベーションでした。在来線という言葉が同時に生まれたように、二つの線の間には乗り入れはない。軌道の幅が違うから。

新幹線は広軌なんです。それで、スピードも安定性もある。それに、新幹線には踏み切りがない。一般道と交差しないという大原則です。

在来線の特急をもっと速くしようとするイノベーションの努力は当時の国鉄によっていろいろと行われていたんだけど、在来線の狭軌ではどうしても限界がある。それで、発想を変えて広軌の高速鉄道を東京と大阪の間に作ろう、ということになった。当時の東海道本線はすでに輸送能力の限界に達していて、さらに東京―大阪間の貨物や人の輸送量を増やすためにはもう一本の線路を新しく敷くしかなかった。それで、その新しい線路は広軌で、ということになった。

もうここで、在来線の地層と新幹線の地層が違いそうな感じがしてくると思うけど、もう一つの地層の違いは、在来線のイノベーションに関わっていた技術者たちとは違う集団が新幹線のイノベーションに加わった、ということ。日本が戦争に敗れ、自衛以外に軍隊を持たない国になったために、戦前の軍用航空機開発などに従事していた技術者は新しい活躍の場を求めていた。彼らは大きく二つの方向へ分かれた、と言われています。一つは、自動車産業へという方向。たしかに、日本の自動車メーカーの戦後の開発の中で、戦前の航空機関係者の活躍は大きかった。もう一つの方向が鉄道で、とくに新幹線。トンネルの多い日本であのスピードで走って、なおかつ乗客の快適性を維持するには、トンネルに入った時の風圧の処理などが大きな問題だったけれど、ここで航空機の技術が活かされている。それに第一、あれだけのスピードで走る電車の流線型の設計にも、飛行機の設計技術が活かされているんですよ。

在来線の地層と新幹線の地層は、かなり違う地層です。それぞれの地層の中でバトンタッチがさまざまに起きている。そして、二つの違う地層をつなぐブリッジももちろんある。基本的に両方とも鉄道なんだから、技術の共通部分はたくさんある。車両を作る会社や技術者たちもブリッジの役割を果たしている。でも、二つの地層はかなり違うんだよね。

なぜ東北新幹線は脱線せずに済んだか

智恵　新幹線も東海道新幹線開業の頃よりもスピードも上がっているし、雪にも強くなってきているように思えます。新幹線地層の中でもバトンタッチによって起きているイノベーションはあるんじゃないですか。

伊丹　いろいろとありそうだね。一つだけめざましい例をあげましょうか。東日本大震災の時に、東北新幹線はすぐにパッと止まったんですよ。あれだけのスピードで、あれだけの電車が震度の高い地域を走っていた。しかし、当時走っていた列車のすべてがすぐに緊急停止して、その結果、脱線事故は一つも起きなかった。あれは、新幹線地層の中のイノベーションのバトンタッチのおかげですね。

東日本大震災は二〇一一年三月十一日に起きたんだけど、その時、東北新幹線では計一八編成の列車が運転中でした。それも、最大時速二七五キロで運転していた。しかし新幹線は大地震を検知して一斉に非常ブレーキを作動させて、間一髪で脱線事故を防いだ。大惨事が防げたわけです。早期地震検知システムが整備されていたおかげです。

このシステムでは、内陸や海岸に設置した地震計が地震波を検知して、すぐに震源と地震の影響範囲を推定して、警報を出します。その間、たった二秒です。警報が変電所に送られて、自動的に送電をストップする。新幹線車両の側にはそうした異常な送電停止を検知する装置がついていて、電圧が急降下すると三秒で非常ブレーキを作動させる。この一連の動作で、東日本大震災の主要な地震の揺れ（S波という）が新幹線に到達する十秒前に、その時走っていた一八本の列車のすべてで非常ブレーキがかかった。

しかし、ブレーキがかかったからといって最高時速二七五キロの列車がすぐに時速ゼロ、つまり停止するわけじゃない。非常ブレーキの制動から十秒後にS波が届いたわけですが、その時には一八本の列車の時速は三〇キロから一七〇キロ程度にまで落とせていた。だから、あれだけの揺れがあっても、脱線事故は起きなかった。もし、非常ブレーキの制動が数秒でも遅れていたら、大惨事になっていたかも知れなかった。

これは早期地震検知システムというイノベーションのおかげと言えると思うけど、このシステムが導入されたきっかけとなったのが、二〇〇四年十月に起きた新潟県中越地震。この地震の時には地震検知システムの能力が不十分で、上越新幹線は脱線事故を起こした。さいわい、脱線した列車は駅に近づいて減速中のところへ地震が発生したために、大事故になりませんでしたが、この脱線事故は新幹線の営業運転中の最初の脱線事故でした。これをきっかけとして、地震検知システムと列車停止システムの技術進歩へと拍車がかかり、能力アップした地震検知システムが東北新幹線に整備されていたおかげで、東日本大震災の時には脱線事故が起きなかったんです。

この例なんかは、新幹線という地層の中で、上越新幹線から東北新幹線へとバトンタッチが起きて、大惨事を防ぐことができた、ということでしょうね。

幸　ヨーロッパにも高速鉄道はありますよね、そこでもこうした地震検知システムはあるんですか。

伊丹　いや、日本のように精緻なシステムはないでしょう。そもそも地震がほとんどないヨーロッパでは、検知する必要がないんだよね。日本なんて、テレビ見てると今では地震がある度にピンポンと地震速報が自動的に鳴るようになっているじゃない。あれを見ると外国から来た人はびっくりするんだよね。「すごい国だ、日本は」と。でも、「必要は発明の母」で、これは必要がないほうがありがたい例だね。

でも、この地震検知のイノベーションが日本には必要だから生まれ、ヨーロッパでは必要がないから生まれない、というごく当たり前の話なんだけど、ある国でどんなイノベーションが生まれるかっていうのは、その国のさまざまな自然的・歴史的条件に依存しているんだよね。イノベーションの地層の話にオチをつければ、異なった社会の自然や文化が違ったイノベーションの地層を生む、っていうことになるね。

この問題は、次の章でもっと文化的な側面に絞って、いろいろと考えましょう。

伊丹のひとり言

イノベーションは、いくつもイノベーションが地層のように累積し、一つのイノベーションが別のイノベーションの発射台になっていくものです。

もちろん、地層の累積に至るまでには長い時間がかかります。日本のイノベーションの歴史にも、何百年もの地層の累積があります。そしてその累積の仕方には、日本の自然と文化と社会の歴史的条件が深く影響を与えているようです。

たとえば、日本刀という世界的にも珍しい刀のイノベーションがあります。砂鉄から作られるたたら鉄を使って、刀工が鍛え上げた刃模様の美しい、恐ろしく切れる刀です。室町から戦国時代の戦乱の世が、おそらく日本刀というイノベーションの地層をつくらせたのでしょう。

その技術は、木工細工用の多種多様な刃物へと進化します。ノミやカンナなどの刃物です。それらを多くの職人が使えるようになりました。別な地層ができたのです。多くの職人が使うことができたのは、刃物類が安く手に入るからでした。なぜ安くできたかの一つの理由は、鉄の供給が多かったことでしょう。

こうした刃物の技術はもともとはおそらく朝鮮半島から日本に古い時代に渡ってきたものですが、朝鮮半島には日本ほどの刃物の種類のイノベーションは起きなかったようです。鉄の供給の限界が、そのもっとも基本的な理由でしょう。製鉄には多量の燃料が必要です。日本の森林は、そのための木材を供給し続けることができました。多雨・温暖でかつ日照の多い日本の気候が、森林の再生に役立ったのです。朝鮮半島よりも自然条件に恵まれていたのです。

こうした刃物のイノベーションの地層が、じつは木工細工などの伝統工芸のイノベーションを生みます。それが室町時代以降に発達して、日本文化の一つの基盤になっていきます。多くの職人の手に刃物が渡るからこそ、さまざまな細工の技術が進んだのです。

イノベーションの地層のつながりが、一つの国の発展の歴史の背骨にもなっているようです。

第6章

なぜ日本にはヒト型ロボットが多いか

ヒト型ロボットの背後の、文化という岩盤

光希　日本はロボット大国だそうですね。ロボットのイノベーションが日本で案外盛んなのは、何か日本に特有の理由があるんでしょうか。生活支援ロボットを経済産業省が大きく取り上げたり、厚生労働省が介護用ロボットの普及を目指したり、政府も一生懸命のようです。それに、それだけロボットの活用を国をあげてしようとすると、人間とロボットが対立するあるいは協力する、なんて時代が来そうな気もします。

伊丹　人間とロボットが何かを一緒にやるような時代がかりに来るとすると、世界のどこの国が一番早いか。たぶん、可能性は日本が一番あるように僕は思う。なぜかと言うと、ロボットに人間と同じようにやってもらう、なおかつ、人間の相手をしてもらいたい。こんなふうな発想でロボットの開発をする人って、日本には多いんです。

たとえばソニーのＡＩＢＯ。あれなんか、なでなでしてやると喜ぶロボットだよね。それからホンダのアシモは、世界初の二足歩行のロボット。人間のように歩くロボットで

す。あんなの、外国では作ろうとも思わないんだよね。ものすごくむつかしいの。

だから、そういうヒト型ロボットを作ってみようと思う人が多い国でないと、たんに技術力があるとかだけだと自動機械が増えるだけで、人間とロボットの協力やその果てには対立なんてことにはなりそうもない。ロボットが人間に似てくるからこそ、対立も協力も出てくるんだと思うよ。

紘子　でも、ロボットっていうと自動車工場の中の溶接ロボットとか、ヒト型でないのも多いですよね。

伊丹　その通り。じつは、ロボットというのは、「人の代わりに作業を行う装置」という意味と、「人のような機械」という意味と、二つある。ヒト型ロボットというのは後者の意味で、溶接ロボットは前者の例だろうね。もちろん、人と同じような機械が人の代わりに作業をやってくれる、人を助けてくれる、ということであれば、両方の意味を兼ね備えたロボットということになる。それが、ふつうの日本人が想像する未来のロボットでしょうね。

みらい　じゃあ、どうして日本ではヒト型ロボットを目指す開発者が多いんですか。

伊丹　いい質問だね。ヒト型ロボットのイメージの典型は、鉄腕アトムだよね。手塚治虫原作のこのマンガが世に出たのが、一九五二年。人間と同じような感情をもったロボットとして描かれ、原子力をエネルギー源に動くという設定だった。だから、アトム（原子を意味する英語）なの。お茶の水博士に引き取られて、情操教育を受けたりする。日本のロボット工学の専門家たちの多くがロボットを志すきっかけになったのは、子供の頃に読んだ鉄腕アトムのマンガだったそうです。

だから、なぜ日本にヒト型ロボットを目指す開発者が多いか、という質問に対する一つの答えは、マンガの世界の中のイノベーションとしてのヒト型ロボット（鉄腕アトム）が強烈な印象を子供たちに与えたから、ということになります。

ただこれだけでは、なぜ外国の技術者がヒト型ロボットを目指すことが少ないのか、という説明には不十分でしょう。ここに、背後の社会の中の暗黙の前提ともいえそうな、文化という岩盤（イノベーションの地層をさらに下で支えているもの）、の問題がありそうだ。

欧米の文化の根底にあるキリスト教では、人間は創造主である神様が創り賜うた存在です。それと同じような機械を人間が作っていいのか、それは神への冒瀆《ぼうとく》にならないのか。

そんなことをちらっと考えるんじゃないだろうか。実際、マサチューセッツ工科大学のヒト型ロボットの研究者のところに脅迫状まがいの非難の手紙がきたことがあるそうですよ。

そういう文化的背景があると、ロボットというものが自然に先にあげた第一の意味、「人の代わりに作業を行う装置」ということになるんでしょう。それと比べれば、日本は八百万《やおよろず》の神の世界で、唯一無二の創造主はあまり考えない。だから、自然に「人のような機械」を考えても、おかしくない。周りも受け入れるよね。

みらい　受け入れますね、なぜか。

自動化機械がチャンづけで可愛がられる日本

光希　それに、日本人って、相手がモノでも自然でも、自分が感情をそこに込めたら、その相手にも感情が宿るような感覚になっちゃいますね。

伊丹 その通りだね。日本の工場の現場へ行くと、何か作業をやってくれる生産機械に「百恵ちゃん」とか名前を付けてる現場のおじさん、たくさんいるんです。自分のパートナーですよ。感情を込めちゃって、「今日、機嫌悪いなあ」とか言いながら、機械を使ってる。自動車工場の溶接ロボットに名前が付いているのを見たことがあるね。

だから、ロボットの第一の意味である「人の代わりに作業を行う装置」も擬人化して考えている、ということです。そりゃ当然、さらにその先に「人のような機械」(ロボットの第二の意味)を作りたい、と思っても不思議ではないね。

でも、人の代わりに作業を行う機械は、それがヒト型であろうとなかろうと、現場に導入するのは案外と大変ですよ、外国では。日本では、さっさと導入した上で、擬人化して可愛がる。なぜ、この違いが出るか。その背後には、現場の労働慣行が日本と外国では違う、ということがありそうです。

日本では、これまで人間がやっていた作業を機械が代わりにやってくれると、その作業をやっていた人は機械の管理という仕事に替わったり、あるいはかなり別の仕事に回ったりする。それは、一人の労働者が行う作業を事細かく規定していなくて、現場の必要に応じてみんなが仕事を適当に分担するのが当然だという労働慣行があるからです。でも、たとえばアメリカでは、労働組合との労働協約が結構仕事別に細かく規定してあって、この作業はこういう人がやる。別な作業は別な人がやる。みんな労働協約で守られてます、となっている。そこへ、この作業はちょっとロボットに代わりにやってもらったほうが生産性が上がる、なんて工場側が言い出すと、労働組合が反対したりする。その仕事をやっている人の職を奪うから。しかも、その人はその作業をするために雇われているという労働慣行だから、別な職場、別な仕事へ移ればいい、とは簡単にはいかない。移った先でも、余分な人が自分たちのところへ来てもらっては困ると、反対すら出かねない。

ということで、労働組合の反対でロボットの導入は欧米では大変でした。日本はそうじゃなくて、あなたはこの特定の作業をやるために雇われているんじゃない、この工場で働いてるんです、という常識になっている。だから工場の中の別の仕事をやってもらいましょうと移っていけばいいわけだから、ロボットの導入は日本のほうが楽でした。そのため、日本ではロボットの普及が進んだ。

普及が進んだのは溶接ロボットとか、作業代行のロボットであってヒト型ロボットじゃなかったけど、でもそうやってロボットの普及が進むと、あちこちでロボットを使うことになる。そうやって使ってると、ここはこうしたほうがいい、とか注文も出てくる。こんな使い方もできるとか、さらにこうするとこんなこともできるようになる、とか知識が貯まっていくことになります。そうすると、ロボットについての知識が日本で一番貯まることになる。

その知識の蓄積があるから、ヒト型ロボットのような複雑なロボットが作れるようになる。たとえば、関節を動かして二足歩行するって、大変な複雑な作業なんだよね。僕らはただ自然にやってるけど。そんなヒト型ロボットへ向けての知識集積が一番豊かにありそうな国が日本。だから、ヒト型ロボットへの最先進国になれるんだよ。

臓器移植・美容整形というイノベーションへのためらい

伊丹　ヒト型ロボットというのは、人に似た機械を作るという話ですが、逆に人間そのものを「改造する」というイノベーションも世の中にはあるよね。わかりやすい例は美容整形であり、臓器移植でしょう。しかも、あたかも部品のように、その人がもともともっていなかった物質や他人の臓器を体内に入れて、容貌を変えたり内臓器官の機能を向上させたりする。たしかに、その背後には筋のいい技術がなければならないし、どこの国の社会にもそうした需要があることはある。だから、イノベーションの入り口までは来ていることはたしかでしょう。

しかし、社会が大きく動くか、となると、日本の社会は少し動きが小さそうだ。そうしたイノベーションを興す、あるいは受け入れる文化的岩盤が日本にはそれほど豊かにはない、ということでしょうね。

臓器移植に関する法律をつくる時に、日本では大きな議論が起きた。未だに、日本ではできないが外国ではできる、という移植の方法もある。とくに心臓移植などの際に条件となった脳死をめぐっては、脳死を人の死とするかどうかで、いろいろと意見が分かれた。一番素朴な、しかし深い問題としては、他人様《ひと》の臓器で生きて、手術後のその人は本当に前のその人と同じ人と考えていいのか、ということでしょうね。

心臓も誰かの心臓。腎臓は別の人の腎臓。そうやって、健康を取り戻したその人はいったい誰？　これね、境界の引き方はむつかしいよね。極端に言うと、輸血したってもうそれは血が他人のものだからダメだって言う話すらありうるわけでしょう。とくに心臓の移植の時には、心臓が「心」を象徴しているような気分もあるんで、ものすごくもめたんです。

結論は、簡単に言えば、多数決でしか決められない。その時代にその国の国民の多数の人がイエスと言うか。学問的な答えは最後の答えではない。文化というものを社会の中の慣習的な考え方の総体、というふうに理解すると、結局、その国の文化が臓器移植をどの程度許容するか、という問題でしょうね。

日本では、人間の体というものをたんに部品の総合体とは考えずに、個々の臓器にもその人らしさが詰まっている、と考える文化があるように思います。そうした文化的な岩盤があると、臓器移植というイノベーションには社会が限定的にしか動かない、あるいはのろのろとしか動かない、ということになるんでしょうね。

でも、臓器の機能を改善させるのにその人自身の細胞などを使うのであれば、「どこまでが自分か」という問題は生じない。すべて自分で、ただ細胞などの入れ替えをしただけ、ということになる。日本で再生医療のイノベーションへの期待が高いのも、臓器移植と比べると「他人性」という点で問題が小さい、というのが一つの理由のような気がします。

光希　美容整形でも、韓国などと比べると日本ではそれほど普及していないですよね。親から貰った体を傷つけるなんて、そんなのありえないという考え方も日本ではかなりあるように思います。だから、ピアスも開けないという女性も実際いますし。日本だけじゃなく、キリスト教を信仰してる方だと、この体は神様からの借り物だからお返ししなきゃならないから、それはやらないんだという話も聞いたことがあります。

伊丹　なるほどね。お借りしてるという感じですか。親から貰った、神様からお借りしている。ともに、自分のものであって、でも自分だけの自由で処分していいものではない、という感覚なんだね。これもまた、文化的な岩盤が何かのイノベーションを大きくする障壁になっている、という話ですね。

臓器移植も美容整形も結局は、あなたってどういう人？　あなたは誰？　という、その質問に行き着くんだよね。倫理もからむから、本当にむつかしい問題だね。

ワープロの背後に、日本の言語と文化

伊丹　日本でどんなイノベーションが興りやすいか、逆に興りにくいか、という問題を、ヒト型ロボットにしろ臓器移植にしろ、考えていることになっているね。その背後に、文化という岩盤がありそうだ、と。

でも、こんな文化だからこそこういうイノベーションが必要だった、ということもあるよ。前に紹介した日本語ワープロ、その背後にあるかな漢字変換のソフトというイノベー

ションはまさにそうした例でしょう。日本語ワープロは、一万字を超す数の漢字と四八文字のひらがな・カタカナを交ぜて言語ができている、という日本語だからこそ必要だったイノベーションでした。日本語をコンピュータ処理するためには、どうしても必要だった。

しかも、もう一つ日本語ワープロを生んだ日本の文化的背景がありました。この場合は、ビジネス文化の土壌です。きちんとした、タイプ打ちをした文書で契約書なんかの文書を作りたい、というビジネス文化です。たんに、万年筆や筆で清書した文書ではなく、タイプ打ちしたものが欲しい。だから、和文タイプライターという機械が日本語ワープロの前の世代のイノベーションとしてあった。金属で作った漢字の活字を二〇〇〇字分ほど大きな箱のようなものに入れておいて、和文タイピストという専門能力をもった人が一つ一つ活字を拾っては、それを文書の紙の上に持って行って打刻するんです。

一字間違うとそれを直す手間も大変で、活字を拾うのも当然スピードが遅い。だから、「手で清書するよりも速くきれいな日本語文書が作れる」という日本語ワープロは、ビジネス需要がきわめて大きかった。正式文書を大切にするというビジネス社会の文化だったからね。英語ではタイプライターでそういう正式文書を簡単に作れていたから、それと同等にしたかったんだろうね。

こうして日本の言語文化ゆえに生まれた日本語ワープロはしかし、日本文化を超えてあちこちの文化の中で意味のあるイノベーションとしてのポテンシャルをもっています。表意文字を使っている文化、です。典型的な例は、漢字という表意文字を使っている中国。大体、日本語自体が表意文字としての漢字と表音文字としてのかなが交じった言語です。かな漢字変換のソフトは、ローマ字入力にしろかな入力にしろ、表音文字で機械に入力する。つまり、音を機械に入れてやる。それを、漢字とかなの交じった意味のある言葉や文章に変換させるソフトです。漢字は表意文字ですから、つまりは表音文字を入力して、その音の意味する表意文字を推定させて変換する、というソフトになっている。だから、日本語ワープロは日本文化ゆえに生まれたんだけど、その原理の応用は日本語というかなと漢字が交じった言語に限定されるわけではなく、表意文字を使っているすべての言語文化の社会に意味がある、というわけ。

文化という岩盤を、日本語というレベルで捉えるだけでなく、表意文字というレベルで捉えると、また新しい展開の土壌としての文化が見えてくるわけです。だから、日本語ワープロを作った東芝が、中国のワープロの開発に協力しています。中国のワープロは、ピンイン方式といってローマ字で音を入力すると漢字という表意文字に変換するソフトです。そのワープロ開発に、東芝が協力したわけです。日本発のイノベーションが海外へと展開していった例の一つと言えるでしょう。

その先に、ちょっといい話がある。東芝の協力への対価を中国側に求めるか、という議論が東芝の本社の会議であったそうです。技術開発への協力ですから、知的財産を供与したということにはなる。今なら、知的財産に対する報酬として、大きな問題になるかも知れない。しかし、その時の東芝は、実際の開発は中国側主導で行われたこともあり、とくに対価を要求しないことにした。最後の結論は、「日本は漢字を中国からいただいたんだから、ここで小さなお返しをしてもおかしくない」ということだったそうです。そりゃあそうだね。中国から漢字の知的財産権に対する対価を支払えって言われたこと一度もありませんよ。

日本の食文化が食品のイノベーションにつながる

智恵　前に、和食のイノベーション力、っていう話がありましたが、日本の食品文化というのも、何かイノベーションの源になりそうな気がするんですけど。これだけ味が多様にあっておいしいし、きめ細やかな食品も多いし。

伊丹　たしかに、食品分野のイノベーションのポテンシャルは大きいと僕も思います。日本の食品産業の技術力は大したもので、それを育てた土壌の一つは日本の食品文化でしょう。たとえば、卵ですね。卵というのは数十年にわたって値段が高くならず、しかも品質のいい卵が大量に出回っていて、おそらく世界一の国でしょうね、日本は。第一、生卵をご飯にかけて朝食にふつうに日本では食べますが、スーパーで売っている卵を生で食べられる国は稀《まれ》です。大体は、サルモネラ菌があるとかで、生食禁止です。

しかし、日本では卵を生で食べるという食文化がある。それに応えるために、それだけの品質の卵をこの価格で提供できるというイノベーションを日本の卵関連産業はやってきた。卵の生産から流通まで、じつに多様な小さなイノベーションが集積してバトンタッチして、今の状態になっているんです。

一つのイノベーションの例は、卵の殻が割れていないかどうかを出荷直前に検査する機械です。少しでも小さなヒビが入っていれば、スーパーの店頭であるいは家庭の冷蔵庫の中で何かの菌が入る危険がある。だから、出荷前の検査は重要です。で、どうやって毎日一つの養鶏場から出荷される膨大な量の卵の検査をするか。全数検査をしないといけないんです。その検査機械で日本のシェアの九割をもっているという企業がテレビに出ていました。感心しました、そこの技術的工夫とそれを可能にした日本の産業基盤の深さに。
昔は人間が見て確認していた。でもこれじゃあ、手間も暇もかかる、コストもかかる。だから、卵を叩く方法を思いついた。

みらい　木琴を叩くようなバチで叩くんですか？

伊丹　そう、バチの小さいやつで、一つ一つピンピンと叩く、あちこちから。叩いて、その音を聞くマイクを用意しておいて、その音波で判断する。殻にヒビが入っていたりすると音が鈍くなるから。

光希　響かないから？

伊丹　うん、響かない。それを確認して、響けば大丈夫と判定するんです。そういうのって、ものすごいハイテクですよ。

幸　でも、割っちゃいそうですね。

伊丹　だから、叩くプラスチックの材質を工夫しないといけないし、打つ強さも工夫しないとダメ。モーターでピッと打たせるわけだから、このモーターが微妙にコントロールできないと、打ちすぎちゃって割れちゃう。しかも、すべての卵がダーッと高速にラインを動いている中で検査をやっている。一〇列ぐらいのマイクが並んでいて、その下でピンピンと卵を打っているわけ。それで間違わずに検査できる。これは、あちこちにものすごいハイテクが使われてる。こうした検査機械を作ってくれるのは、機械メーカーです。回転寿司と同じで、日本の機械産業の懐はじつに深いんです。

卵の品質をそこまで注意する国、生卵を食べる日本だからこそ生まれたイノベーションでしょうね。日本という国は、こういう食品分野でのイノベーションがかなり多い国だと思う。日本の食品のイノベーションが世界をリードする、という可能性も十分ある。それを支えているのが、日本の食品文化なんだろうと思います。

伊丹のひとり言

イノベーションは、それを興そうという人、それを受け入れる社会、その両方がもっている文化という岩盤に、大きく影響されるものです。

前の章では、イノベーションの地層という問題を考えましたが、その地層の底に、いわば岩盤として文化という条件が横たわっている。そうイメージすればいいでしょう。どんな地層が積み重なっていくか、それを決める基礎条件の一つが文化という岩盤なのです。日本の鉄の刃物のイノベーションの背後に森林の再生を容易にする日本の自然条件があることを前章で触れましたが、自然も文化も、ともにイノベーションの岩盤というべきなのでしょう。イノベーションは決してたんに技術の世界だけの話でもなく、経済的動機だけで決まるものでもないのです。

日本にヒト型ロボットの開発を目指す人が多い背景に、鉄腕アトムの存在があった、とこの章で紹介しましたが、そもそもマンガという文化が広く定着していなければ、未来の技術者たちが子供の頃に手塚治虫のマンガを読むこともなかったでしょう。そのマンガというもの、とくに長編ストーリーのマンガというものは、じつは日本のイノベーションと言えるものです。

日本発のマンガは世界で楽しまれています。『おしん』といういかにも日本人的な辛抱物語に見えるアニメもアジア諸国で人気ですし、『キャプテン翼』というサッカーマンガは南米やヨーロッパの子供たちに広く読まれています。日本のマンガ文化を研究しようとする海外の研究者もかなりいるそうです。

日本のマンガ文化の中で生まれた鉄腕アトムが、ロボットのイノベーションを方向づけている。技術のイノベーションの背後で文化という岩盤がもたらしている影響は、多様かつ多重にわたるようです。

第7章

イノベーションへのためらいと抵抗も、大切にしたい

遺伝子検査の市場への出口でためらう人

光希　遺伝子検査って、大きなイノベーションに本当になるんでしょうか。科学的に筋のいい技術は育っていると思うんです。だけど、その先、使い道によっては悪用される可能性もありそうで、怖いような気がします。

伊丹　遺伝による病気を検査することの話ですか。

光希　ええ、それもあります。遺伝子検査という言葉を最初に耳にしたのが、アンジェリーナ・ジョリーさんの乳がんの予防手術の時です。遺伝子的に乳がんの確率が八〇％あると言って、乳房を切除されたじゃないですか。たしかに成功でしょう。それって病気のリスクを軽減することにつながって延命できるという意味では、たしかに成功でしょう。でも片や、遺伝子検査によっていろいろな自分の素質的なものまで見つけることができてしまったら、自分に才能がないとわかってしまってやる気も失せるとか、努力が報われないみたいな感じになってしまうんじゃないかと思いまして。なかなか、遺伝子検査の市場への出口は大きくならないのかなという気もするんです。

伊丹　たしかにその話は、深刻だね。臓器移植や美容整形の話と似ている点があって、たしかに技術的には可能になってきたけど、市場への出口でためらう人がかなりいるんじゃないか、という話ですね。その結果として、社会が動くかどうか倫理的なブレーキがかかるかも知れない、という例ですね。そういうイノベーションについての質問がみなさんから多いのは、考えさせられるね。僕みたいに、イノベーションに関する研究をやっていると、ついついイノベーションはいいことだ、と思い込んでいるのかも知れない。しかし、いろんなためらいを感じる人があっても当然だね。とくに、人間の体に関することはそうであるべきだろうね。臓器移植も美容整形も遺伝子検査も、みんな人間が自分の肉体とどうつきあっていくか、という根源的な話にからんでますね。

ただ、人間の体に関係することのみならず、すべてのイノベーションは市場への出口が生まれてくる段階で多くのユーザー、需要者がためらいをいろんな意味で感じることがあるんだろうと思う。そのためらいは、イノベーションが新しい技術によってこれまでなかった製品やサービスを提供することだから、自然に生まれるんだよね。

三つくらいのためらいの状況が想定できるね。まず第一は、技術的に新しすぎて、ユーザーの側に実際に手に入る製品の機能について正確な想像ができないという場合。何ができるんだかわからないから、そりゃためらうよ。こんな状況では新しもの好きの人があえて使いはじめて、「あれはいいよ」と言ってくれることがためらいから抜けるために必要でしょうね。

第二の状況は、技術そのものがまだ不十分なのに期待ばかり高くて、しかし技術の未熟さが解決されているかどうかわからないからためらう場合。これも、自然なためらいだね。これは技術開発をする側が十分な技術に仕立て上げてためらいを解決するしかない。

第三の状況が、光希さんが言う遺伝子検査の状況で、技術的にできることはわかっているんだけど、倫理的にその技術を使ってもいいかどうか、人間として疑問を感じる人がいる場合。このためらいから多くの人が抜け出せるには、社会的な合意のようなものができてくる必要があるんでしょうね。社会が許容する、認めているから、自分も認めていいか、ということ。しかし、社会的な合意ができるためには、個人として認める人が多くなきゃいけない。にわとりと卵みたいな問題で、双方向のプロセスが時間をかけて進行する必要がありそうだ。しかし、時間をかけるべきでしょう。

利害がからんでイノベーションに抵抗する人もいる

伊丹　でも、ためらいだけがイノベーションで社会が動くためのブレーキではなさそうです。イノベーションは、それによってプラスを感じる人が多いから社会が動くわけだけど、新しい技術によって自分のもっていた過去の既得権益を侵されたりして、自分の利害にマイナスが出てくる人も必ずいる。その人たちが自分の利害から抵抗することがありそうだ。

ロボットの導入に反対する労働組合、という例を前に紹介しましたが、それが典型的な抵抗勢力の例でしょうね。抵抗勢力にはならなかったかも知れませんが、日本語ワープロだって、和文タイプライターのスキルを一生懸命獲得したタイピストの人にとっちゃ迷惑な話ですよ。自分のスキルがムダになっちゃうわけだから。回転寿司だって、昔からの寿司屋さんには面白くないだろうね。お客をとられちゃうかも知れないんだから。

だから、一種の被害者みたいな人はどんなイノベーションでも必ず出てくると思わなきゃいけない。イノベーションというのは根底から技術を変えちゃったりするから、古い技術で生きてきた人にとっては必ずマイナスだよね。

日本に鉄道というイノベーションが入ってきて、東海道線をはじめ、あちこちに鉄道が敷かれてった時に、それに反対した人たちがたくさんいた。駕籠《かご》かきとか、馬を使った運送業者だとか、そういう人たちが反対した。その上、蒸気機関車は黒いモクモクを出す上に、とんでもない騒音とともに動く、といって多くの人の恐怖心を煽《あお》ったもんだから、その都市の中心部には駅ができずに、遠く離れた不便なところに駅ができてしまった例っていっぱいあるよ、日本のいろんな町で。

ただ多くのイノベーションは、新しい製品やサービスの直接のメリットだけでなくて、波及効果としても社会のあちこちにプラスをもたらす場合が多い。たとえば、回転寿司でいえば、回転寿司の機械の企業が成長し、そこで雇用が生まれるし、彼らはさらに新しいタイプの機械を別な分野で作るためのノウハウを回転寿司の機械から手に入れる可能性もある。回転寿司の最初の機械は、ビール工場で瓶を運んでいるコンベア機械から発展したらしいから。ナイロンという新しい合成繊維が生まれれば、それが次の合成繊維の開発を刺激したり、ナイロン自体の用途を最初の絹の代替品用途から広げたりして、合成繊維産業が大きく成長したりした。

だから、どこか一部でマイナスが生まれるからという理由でイノベーションに対する抵抵抗勢力が生まれて、それがイノベーションの進行を妨げるようであれば、それはもったいない。生まれるプラスと、生まれてしまうマイナスの総合判断をする必要が、社会全体としてはある。しかし、その総合判断を社会全体が正確に行うのはとてもむつかしい。

おそらくもっともありうるパターンは、イノベーションのプラスを感じる人たちがマイナスの被害を被る人たちをなぎ倒して、イノベーションがかなり進んでしまう、ということでしょうね。しかし、なぎ倒された人たちも黙ってはいないから、どこかでブレーキがかかったり、補償行為が起きるんでしょう。そんなかわいそうな少数派にもどこかで温かい目が向けられるような社会であって欲しいね。

誤解して抵抗、あるいは防衛的抵抗

みらい　私は抵抗勢力じゃないつもりですけど、スマホの中に入ってるＧＰＳ機能か何かで、自分が通ってるお店だとか嗜好がわかってしまうのは、いやですね。その情報を売って商売をしているという話を聞くと、もう、丸裸じゃない？　って思っちゃうんです。

伊丹　そうかな、本当に丸裸にできると思う？　ＧＰＳでのデータといっても、あの人はどの店に立ち寄ったということがわかるぐらいでしょう。それでもって、あなたの購買行動がわかりました、他の人の購買行動もわかりました。それらをビッグデータとしてみんなの購買行動の傾向を分析してみせます、というイノベーションがあるということですかね。そんなに有効な情報が実際に集まるものかな。

みらい　まだ、そこまではいってないんじゃないかなと思いますけど。

伊丹　じゃあ、いずれは本当に丸裸状態にされて、ビッグデータ分析のイノベーションが社会を動かすところまでいくんだろうか。本の購買履歴のデータから、お薦め図書のお知らせが届いたりするけど、まあそれはある程度の関連がある情報を使っている、ないよりはまし、という程度じゃないかな。僕なんか、自分の書いた本のお薦めがインターネットで来たりしますよ。

一同　（笑）

伊丹　この人はこんなものが欲しそうだからって情報を送りたくなる、というのは店舗としてはありだと思うけど、あなたが言ったように、丸裸にされるところまで本当に人間の知恵は行くのかな。

光希　丸裸じゃないかも知れませんが、インターネットに写真を管理するソフトがありまして、それを入れると、パソコンの中にある写真を全部一覧で見れるようになる。それは便利かも知れないと思って、そのソフトを使って写真を入れてみたら、「この人は誰ですか」って聞いてくるんです。それで私が名前を正直に入れると、そのクラウドにはその顔写真と名前がペアで記録されるようになる。それが貯まっていくと、どこかで歩いているシーンを写真にとられると、それが誰かみんなわかっちゃうんじゃないか。それって、丸裸一歩手前じゃないか、と思ったんですけど。

伊丹　なるほど、僕が甘いのかも知れません。しかし、こういう種類のデータをたくさん集めました、それを分析するといろいろと意味のあることがわかります、というのは昔からコンサルティングの会社がやっていることで、中には意味のあるのもあったけど、多くは誇大宣伝だったというのが僕の歴史観察です。それがまた、ビッグデータとかクラウドとかの新しい装いで繰り返されているだけじゃないか、とまゆつばの思いなんです。

だから、自分の行動についての情報がクラウドで集められることにまだそれほどの抵抗感はもたなくてもいいように思います。自分の本を薦められても困るけど、自分の好みをわかってもらっていると便利なこともあるわけだから。ただ、いやなのは、こちらが頼んでもいないのに、データを集めて記憶する能力が技術的に飛躍的に大きくなったというだけで、自分の情報をクラウドで集められることでしょうね。お気に入りのレストランだったら、自分の好みを知っておいてもらってお任せメニューにできるのは便利だけどね。

ただ、ビッグデータ分析のイノベーションが本当に現実的に起きうるかどうかは別にして、これが前に説明した共同幻想になる可能性もあります。みんながそれが可能じゃないかと思うから、それだけ過剰な資源投入が起きて、その結果、イノベーションへの歩みが進んでいく、という現象です。そうなったら、丸裸寸前にはなるかも知れない。そうなったら、仕方がないとあきらめるか、情報を集められないように情報を送りそうな端末、たとえばスマホを持たないようにするという防御策をとるか、どちらかでしょうね。

これも、世の中のイノベーションへの抵抗勢力になるのかも知れない。イノベーション自体が進むのは構わない、しかし自分は巻き込まないで、という防衛的抵抗とでもいいますか。この種の抵抗は、過去にもいろいろなイノベーションでもあったと思いますよ。たとえば、原稿を書くのに、ワープロを使わずに万年筆で書きたい、それでないと心がこもった文章が書けない、という小説家がいたらしいね。

抵抗勢力を味方にする

伊丹　この章ではイノベーションへのためらいや抵抗をテーマに話していますが、しかし僕は根が楽観的なせいか、抵抗勢力に対しても楽観的です。抵抗を乗り越えてこそ、イノベーションは本物になる、と思っているからです。古くからいろいろな歴史の流れの中で、社会が変わる時の抵抗勢力というものはそういう存在だったんじゃないか。社会が動いてこそ本物になるイノベーションでも、同じことだと思います。

紘子　たとえば、私たちが知っているイノベーションでいったら、どんな例がありますか。

伊丹　アップルのｉＰｏｄという携帯ミュージックプレーヤーの話をしましょうか。抵抗勢力を味方にしてしまった例です。

アップルのｉＰｏｄはインターネットから楽曲をダウンロードできて、自分用の楽曲ライブラリーを作れて、自由に音楽がどこでも聴ける。大きなイノベーションで、これがＣＤそのものの売上にも大きく影響しました。随分と減ったでしょうね。それに、このｉＰｏｄに電話機能をつけたら、ｉＰｈｏｎｅになった。携帯電話回線経由でインターネットにつながるようになったから、モバイルインターネット端末になったわけだ。

しかし、デジタル時代以前の携帯用ミュージックプレーヤーといえば、ソニーのウォークマンです。テープやミニディスクで聴くミュージックプレーヤーとしては、一世を風靡《ふうび》しました。ではなぜ、デジタル時代にソニーがｉＰｏｄのような製品を出せなかったか。ソニーが本当に使い勝手のいいミュージックプレーヤーを出せるだけのソフトの力が弱かったからだ、という理由もありそうですが、大きな理由は楽曲のインターネットダウンロードの便利な仕組みをソニーはつくれず、アップルはつくれた、ということです。

楽曲のインターネットダウンロードがｉＰｏｄのイノベーションの鍵だったんですが、これを実現しようとすると大きな抵抗勢力があった。その楽曲の販売権をもっているＣＤなどの音楽メディアの販売会社です。彼らが音源をもっている。彼らが正規にインターネットダウンロードシステムに参加しない限り、合法的なインターネットダウンロードは広がりません。しかし、彼らはインターネットダウンロードを許したとたんに、これまでの収入源だったCDの販売収入が減ってしまう危険がある。インターネットでのダウンロード料金は収入になるけど、それで補いがつくかどうか。

ソニーは自社グループの中にCBSソニーという世界有数のCDメーカーをもっていました。インターネットダウンロードをするデジタルミュージックプレーヤーを作りたいデジタル機器部門からすれば、抵抗勢力を自社グループの中に抱えていたようなもんです。そこがインターネットダウンロードに反対するから、デジタルミュージックプレーヤーとそれへの楽曲配信システムをソニーは自由につくれなかった。

しかし、アップルは違いました。ジョブズ自身が自分のカリスマ性も活かして、音楽CD会社のトップを説得して回って、彼らにも利益が残るような楽曲配信システムとしてのiＴｕｎｅｓ Ｓｔｏｒｅというインターネット配信システムを工夫した。もちろん、それをしなければいずれは海賊ダウンロードでCD会社の将来は暗い、と厳しい予測もきちんと告げたんでしょうね、ジョブズは。

こうして、インターネット楽曲配信にとっての抵抗勢力であるCDメーカーを味方につけられたアップルと、内ゲバで企業内部でもめていたソニー。ハードとしてのプレーヤーの企画や生産ならソニーのほうに分があったと思いますが、結果はアップルの完勝でした。

その上に、アップルがつくったインターネット楽曲配信システムは、ちょっと手を加えればインターネットソフトウェア配信システムになる。楽曲というのも、結局はインターネットで配信されているのはデジタルデータですから。パソコンや端末を動かすソフトとまったく変わらない。そのインターネットソフト配信システムがあるからこそ、iPhoneは簡単にアプリを搭載できる、付け加えられる。だから、どんどん便利なスマホに変身させられるわけです、ユーザー自身の手で。それが、iPhoneが爆発的なイノベーションになった一つの理由で、iTunes Storeが用意してくれたものでした。

抵抗勢力がイノベーションを本物にする

伊丹　イノベーションというのは、新しいものを社会の中に持ち込むことだから、それをためらう人たちや抵抗する勢力がいろんな形で登場するのが常、と思うべきでしょう。でも、抵抗勢力は（ためらう人たちも含めて）言ってみれば麦踏みをやって麦の芽を強くしてくれる存在、という意義がかなりあると思う。

みらい　なるほど、麦踏みですか。必要なんですね。

伊丹　そうです。だから僕は、抵抗勢力がイノベーションを本物にする、とあえて言うわけです。そこには三つのパターンがありそうです。

まず第一に、抵抗勢力やためらう人たちに納得してもらうために、技術が本物になる。本当に便利な、みんなにとって役に立つイノベーションになるように、技術が磨かれ、提供される製品やサービスがよくなる。そのためには、抵抗勢力からの文句や圧力が大切なんです。それをはねのけようとするエネルギーがイノベーションを興そうとする側にはなくちゃいけない。

そして二番目に、技術だけじゃなくて社会の多くの人を巻き込めるような仕組みをイノベーションを興す側が用意しなくちゃいけなくなるのも、抵抗勢力の貢献です。抵抗勢力を最後には味方につけたアップルがそのいい例で、この場合は技術を磨いたというよりインターネットダウンロードの仕組みをアップルが用意した。その用意があるから、ＣＤメーカーが味方になってくれた。その仕組みが用意されたから、ユーザーは大いに助かった。社会が動く、というのがイノベーションの第三段階だから、そのための仕組みづくりは非常に大切です。どんな仕組みにしないと社会が動かないか、抵抗勢力が教えてくれるようなもんですよ。

最後に、三番目の貢献としては、ためらう人や抵抗する人が何か倫理的な問題を感じてためらったり抵抗したりしている時には、その倫理的な問題にきちんとケリをつける材料をイノベーションを興そうとする側が提供しなければならない。そうしなければ、結局、社会は動きません。倫理の問題をきれい事といって逃げてはいけない。技術が新しくなり、便利になる人が社会の中にいるんだから、それだけでイノベーションとして十分だと思ってもいけない。倫理の問題にケリをつける材料を用意するのは決して簡単だとは思えないけど、それが問題になるようなタイプのイノベーションの場合には、抵抗勢力が納得する材料がやはり必要でしょうね。この場合も、抵抗勢力がいわば教師役になっている。まさに麦踏みです。

今回みなさんと議論していて、遺伝子検査、臓器移植、美容整形、とどこか人間としての根源の倫理的な問題にふれそうなイノベーションの議論がたくさん出てきたことに、僕は感謝しています。あらためて、みなさんのおかげで、イノベーションが社会に定着するための必須の条件の一つを考えさせられました。

伊丹のひとり言

イノベーションは、人々のためらいや抵抗を乗り越えてこそ、本物になります。だから、ためらいも抵抗感も、大切にしたい。

それは、イノベーションが社会を動かすことによって成就することを考えれば、当然でしょう。社会の中に変革が起きるのですから、それを望ましく感じない人、積極的に反対したい人が、さまざまな理由で生まれくることは予想すべきでしょう。イノベーションだけでなく、どんな社会変化にも付き物の現象です。

そのためらいや抵抗を乗り越えられなかったら、それはそのイノベーションへの試みのメリットについて、社会からの全体としての賛成の声が小さかったということです。そして、ためらいや抵抗の中には、誤解にもとづくものやイノベーションの試みが不十分なメリットしかもたらしていないために生まれるものがかなりあるでしょうから、誤解を解いたり不十分な点を補ったりする努力がイノベーションを興そうとする側に必要とされます。その努力が、イノベーションの試みを本当に社会に役に立つように改善させる、プラスを生むのです。

しかし、こうしたためらいや抵抗感が、この対話に参加してくれた女性たちからフランクに表現されたことを、私はうれしく思います。それが健全な常識だろうとあらためて思います。しかし、イノベーションを推進したい気持の強い人たちは、こうして素朴に問いかけられなければつい脇に置きがちな疑問でもあります。私もその一人だったようです。

マッドサイエンティスト、という言葉があります。気の狂った科学者、つまり科学の追究に夢中になり、人間にどんなインパクトがあるかに思いを馳《は》せず、科学の知識の実現にだけ懸命になって、結局は人間に不幸をもたらしかねない人たち、のことです。その側面を幾分かは多くの技術者たちはもっているのかも知れません。自戒すべきことで、健全な常識の大切さをあらためて感じます。

第8章

イノベーションは人を幸せにするか

イノベーションって、そんなにいいことばかり？

みらい　どんなイノベーションにも抵抗する人が出てこざるを得ない、というのはよくわかりました。でも、さらにその先に、そのイノベーションが人を最終的に幸せにするんだろうか、という疑問が生まれることもあるように思います。イノベーションって、そんなにいいことばかりですか、とでもいいますか……。

伊丹　ためらいや抵抗の先に、もっと深刻な問いがありうる、っていうことだね。たしかにそれは考えたほうがいい。倫理的な問題が前の章で出てきたけど、それをさらに突き詰めると、そういう深刻な問いになるね。

光希　イノベーションって表裏一体だなって、お話をうかがっていて思ってました。生活が一変するぐらいすごい開発とかもありますけど、それによってもたらされる弊害というのもあるんじゃないかな、ということですね。

伊丹　間違いなくその危険はあると思う。イノベーションを興そうという人って、多くの場合そんなマイナスはあまり見ないわけだ。こんないいことができるようになる、というので夢中になってる人たちだから。そうして懸命になっている人たちはプラスの面を見てイノベーションを興そうとする。それが成功すると世の中に広まる。広まると、思ってもみなかった弊害にあとで気が付く。そういうことって、結構あると思う。

今、世界中で一一億台を超える自動車が動いているそうですが、自動車というイノベーションにも弊害の部分はありますね。あれだけ便利で、あれだけ人間にとって必需品となったイノベーションですが、排気ガス問題が最大の弊害でしょうか。光化学スモッグ、地球温暖化ガスの排出、などですね。しかも、自動車を使っている本人はそれほど弊害を直接には感じないんですが、その排気ガスが積もりに積もると、大きな問題になる。クルマを使っている本人には直接に大きな害があるわけではないけど、他人に害が及ぶ、というタイプの、やっかいな弊害です。しかも、自動車をこの世に送り出し、進歩させてきた人たちにとっては思ってもみなかった弊害でしょう。

あるいは、今の日本にとって非常に頭の痛い深刻なイノベーションの弊害の例が、原子力発電。原子炉からの放射能問題、使用済み核燃料の放射能問題でしょう。そもそも、原子核を一気に分裂させると巨大な熱が出る、という物理学の原理を使って原子爆弾を作ったんですが、その原子核の分裂をきわめてゆっくりやらせると水が水蒸気に変わるくらいの熱量にコントロールできる。その核分裂熱で水蒸気を作り、その水蒸気でタービンを回して発電機を回す、というのが原子力発電の原理です。

水蒸気を作る熱を天然ガスや石炭から得ているのが今ある火力発電所の大半ですが、原子力発電の時代になればそうした化石燃料がいらなくなる。使用済み核燃料を再処理すれば、また原子力発電に使えるというリサイクルの可能性もある。だから、ある時代には人類の永遠の夢が実現したみたいなことを言われた発電なんです。大半の人がすごいと思ったイノベーションの典型例でした。

でも、原子炉にも核燃料にも、巨大な量の放射能がある。それをどう処理するか、という問題は完全には解決されないままに、イノベーションとして社会に普及した。フランスなどは原子力発電で総電力量の七割を賄う、というところまでいっている。しかも、放射能事故が起きると大変だということで二重、三重の安全装置がついていたはずだったのが、福島では巨大津波のためとはいえそれが結局作動せず、大事故が起こってしまった。

それに、福島では原子炉がメルトダウンしたわけですから、水素爆発の事故でめちゃくちゃになった原子炉建屋の中での廃炉作業という大変な作業がこれからある。放射能が当然に廃炉作業の障害になる。地域にも残留放射能の問題がある。放射能は目に見えないだけに、実害がかりにきわめて小さくても、心が不安になる。だから、人々の不安という意味も含めて弊害は深く長く続くんでしょうね。こんな問題が日本で起きると、イノベーションは人を幸せにするか、と問いたくなる気持もわかります。

進歩を目指すことを認めようというスタンス

紘子　私たちって、イノベーションのもつ負の側面が気になりすぎるんでしょうか。倫理的にためらう、とか、人を幸せにしますか、とかの疑問がつい頭に浮かぶ。よく、私たち女性って半径数メートルの中で生きてるって言われますけど、イノベーションという大きなものがあった時に、ちょっと不都合なところがあったり、自分の思い通りにはなっていないと、つい気になるんでしょうか。

伊丹　いや、いい問いかけをしてると思います。イノベーションを興そうという人が考えるべき問題を、みなさんは提起しているんだと思う。しかし、この問題にケリをつけるのは、簡単じゃない。イノベーションにはもちろんプラスがあるから、イノベーションとして社会を動かすことになる。しかし、一方でマイナスもあって、そのプラスとマイナスの総合判断にならざるを得ないから、人によって考えが違う。哲学も違うでしょう。臓器移植のイノベーションの際に言ったように、最後は社会的な「一種の多数決」で決めるしかない問題かも知れません。

でも、こうしたことを考える際に問われている本質は、「進歩」というものに対する基本スタンス、ということなんだと僕は思う。イノベーションのプラスはもちろん、技術が進歩し、これまでできなかったこと、多くの人がやって欲しいと思っていたことができるようになることです。ときには、多くの人が思ってもみなかったことまでイノベーションのおかげで可能になったりする。人々の生活がいいほうへ変わる。

でも、その進歩の陰で、マイナスも生まれる。今生きている人の利害が損なわれることもあるという直接的なマイナスだけじゃなくて、イノベーションの進歩に見えることを現在の世代が享受すると次の世代にマイナスの負債が残る、ということだってある。地球温暖化ガスの問題はまさにそういうことだよね。将来の地球は大丈夫か、っていう問題だから。

で、進歩に対する基本的スタンスというのは、そういうマイナスがありうることを考えた上で、進歩というものに歯止めをかける必要をどう考えるか、という基本の考えです。誰だって、マイナスがきわめて大きいということがわかっていれば、歯止めをかけるべきという答えになるでしょう。でも、マイナスはありうるけど、その大きさがよくわからない、小さくて済むという考えも多い、というのが多くのイノベーションの試みの共通の特徴じゃないかと思う。しかし、マイナスがかなり大きくなる可能性だって否定はできない。じゃあ、そんな状況で、進歩を目指したイノベーションの試みにストップをかけるべきか。

ストップをかけはじめると、ストップはあちこちで始まって、結局、社会全体に進歩ということが起きにくくなってしまう危険がかなりある。それでも、ストップをかけるべきかどうか。

どうも世界の歴史を見てみると、ストップが頻繁《ひんぱん》にかかっているようには思えないし、ストップをかけようとしても成功していないようだね。やはり、進歩を目指す試みを認めようという基本スタンスを多くの人がもってきたように思う。僕もそう思いますね。だからこそ人類の進歩があった、と思えます。

それは、たんに進歩に対して能天気の楽観主義の人が多いからということではなく、イノベーションへの試みにストップをかけようとしても無理、という理由があるからでしょう。第一に、イノベーションの背後には人間の好奇心、新しいものを試したいという欲求が潜んでいる。それを抑えつけるのは、きわめてむつかしい。第二に、イノベーションは大きな経済的成果につながることが多い。だから、イノベーションに成功した人には大きなご褒美がいく。そうした欲求を社会が抑えるのは、無理なんだろうね。それが、僕の歴史観察ですね。

しかし、イノベーションの進化経路に枠をはめるべき場合がある

伊丹 だったら、イノベーションへの試みにストップをかけるのではなく、マイナスの側面が大きな問題とならない方向へとイノベーションに「枠をはめる」、方向づける、というのが望ましいスタンスだと思います。

もちろん、イノベーションのマイナスは、最初から想定できていないことも多い。自動車の排気ガス問題はその例でしょう。そんな時には、イノベーションの弊害が表面化しはじめたら初期のうちに、その後のイノベーションの進化経路に枠をはめる、弊害をなくす努力を大きくするような枠を社会としてはめる、ということでしょうね。

自動車の排気ガス規制は、まさにそういう枠のいい例だったように思います。アメリカという自動車社会でガソリンエンジンによる大気汚染が問題になった時、マスキー法という排気ガス規制の法律ができました。一九七〇年のこと、今から四十年以上前です。大変厳しい規制で、世界中の自動車メーカーが規制をクリアーできないと言っていたところへ、日本のホンダだけが規制をクリアーするエンジンを開発しました。それが、ホンダがアメリカで発展するきっかけにもなりました。

その後、他のメーカーも触媒技術を使ってホンダ方式とは違うやり方で規制をクリアーするエンジンを開発しました。ホンダからバトンタッチを受けて、別な方式が開発されたということです。そんなバトンタッチが繰り返されて、ガソリンエンジン車の排気ガス対策はどんどん進み、大気汚染問題もかなり緩和されました。

しかし、自動車排気ガス規制は次の地層へと進化します。それは、地球温暖化ガス、とくに二酸化炭素の排出量を抑えるようなエンジン開発への社会的要請が高まったからです。アメリカでは、カリフォルニア州が二酸化炭素の排出量規制を決めたりしました。この規制に対する決め手は、そもそもガソリンを燃やす量を少なくすること、つまり燃費を向上させることです。ここでも、さまざまなメーカーがさまざまな手段でガソリンの消費量の少ないクルマの開発でしのぎを削りました。また、イノベーションのバトンタッチが起きてきています。その一つの成果が、電池で動くモーターとガソリンエンジンと、二つの動力源を一つのクルマの上に積んでしまおう、というハイブリッド車です。ここでは、日本のトヨタが世界の先頭を走っています。

そのイノベーションの進化が、今、さらに次の地層へと進む準備段階に入っています。そもそも炭素燃料を燃やさない動力源による自動車で、これなら二酸化炭素は出ない。たとえば燃料電池を積んで、水素をエネルギー源にして水を化学合成する装置（これが燃料電池）で電力を自分でつくってモーターを回し、自動車が走る、というクルマです。電力を外から給電した蓄電池を積んでモーターを回す、という電気自動車よりもさらに進んでいると言えます。

こうした、自動車の動力源についてのイノベーションの進化経路に枠をはめたのは、間違いなく、各国政府による規制です。規制がなければ、自動車会社は新しいエンジン開発、新しい動力源の開発に二の足を踏んだでしょう。しかし、規制が彼らの背中を押しました。枠をはめました。そのおかげでイノベーションの進化が、クルマのもたらす弊害を小さくし、しかしクルマという自立性の高い、誰でもどこへでも行けるという交通手段のメリットを維持する方向へと、導かれたわけです。

これを、「弊害が多いから自動車そのものを禁止すべき」と言っていたら、自動車のメリットを享受できなくて困る人が世界中を走っている一一億台の自動車の分だけ生まれることになります。それでは、人間の生活に大きなマイナスが出てしまいます。

しかし、イノベーションの進化経路に枠をはめるといっても、どの段階で誰がどんな枠をはめるか、というのは簡単な問題ではありません。簡単ではないことを承知の上で、進歩に対する基本スタンスとしては、それがもっとも望ましいのではないかと僕は思います。

自然が自己改変してきたのも、地球の歴史

紘子　でも、イノベーションの行く先って、予測が難しいですよね。どんどん技術は変わっていったりするし。それでいて、弊害が大きくなってきたら、どこかで枠をはめなきゃいけない。でもその時にはもう遅すぎた、ってことないですか。たとえば、遺伝子改良でより収量が増える、より病気に強い作物ができる、というのがありますが、でも自然の世界になかった作物を人工で作っちゃうと、それは生き残り続けますよね。

伊丹　それはそうだ。時計の針は逆には戻せないから、一旦一つのイノベーションが地球の上に、社会の中に、何かを産み落とすと、それが残り続けて二度と消せないということはあるね。

でも、遺伝子改良というのは、最近は遺伝子工学を使って実験室の中で遺伝子そのものを組み換えることができることもありますが、昔から人類が穀物などの品種改良をやってきたのと同じですよ。昔は、異なった品種の掛け合わせのような実験をして、その中から望ましい性質をもった食物や動物を残してきたんだよね。時間をかけて、動物や植物を使った実験を繰り返して。それはこれまで行われてきたことだからいいけど、実験室で遺伝子工学を使って遺伝子を組み換えるのはいけない、というのもどこかおかしい。

考えようによっては、自然はそうした膨大な遺伝子組み換えの作業を自然の中でやってきて、現在の地球上のすべての生物が生まれてきた、とも言えますよ。それが禍《わざわい》をもたらしたこともあったでしょう。たとえば、新しいインフルエンザウィルスの誕生っていうのは、自然の中の遺伝子変異の結果です。遺伝子組み換えみたいなもんです。でも、遺伝子組み換えのおかげで、いろいろな生物の多様性が生まれたという、いいこともあった。だから、遺伝子組み換えというだけで、そのイノベーションを根っこのところで否定するのはおかしいでしょうね。やはり、弊害を感知したらただちに予防策、というスタンスでしょうね。

その感知と予防をきちんとやれるかどうか。社会の民度が試されているんでしょう。イノベーションを人が幸せになるために使えるか、結果として不幸な人が多く出るようなイノベーションを放置することになるのか、結局はその国の社会の民度でしょうね。もちろん、社会の民度の中でも、イノベーションを興そうという人たちの民度が一番重要でしょうけど。

幸　シェールガスを取り出すプロセスで地殻に大きな影響が出て、地震が増える危険がある、なんて話を聞いたことがありますが、一旦地球に傷をつけるとこれも取り返しがつかないことになりませんか。

伊丹　その危険はある。シェールガスという、岩の中に含まれていて、これまで人間が取り出すことがなかなかできなかったガスを取り出す技術が最近開発されました。シェールオイルも似たようなものです。それで、深い海底油田・ガス田を掘るよりもコストが安く油やガスが採れるからというんで、アメリカではシェールガス革命が起きている。その新しい技術は、地殻の中で一種の爆発現象を起こして、そこへ水を大量に流して、岩の中に眠っていた油やガスを取り出せるようにしている。

　言ってみれば、地殻を破壊することによって油やガスを取り出すということをやってるわけだ。その採掘のおかげで、地球に傷跡が残る。その傷跡が、次の世代にどんな影響を与えるか、という問題ですね。もっとも、これまでの石油やガスの採掘方法だって、地球に傷跡を残している点では変わりはないけど、地殻を爆発させるというと傷が大きい印象があるよね。

　昔から、自然自体にもこうしたことはあった。火山の噴火や地震なんかは自然が起こす地殻破壊です。遺伝子組み換えも、シェールガスの地殻破壊も、自然がやってきたことと同じ本質をもっているけど、違いは人間が意図的にやっていること。しかも、その人間は先の先まで読めているわけではない。どうなるか将来への影響の全貌は必ずしも理解しないままに、当面のメリットを考えてやっているわけですね。

許してください、という人類の知恵

伊丹　人類は、こうした「自然の改変」を過去何千年もやってきたと思います。最近は、そのスケールが大きくなってきたから、問題を感じる人も出てきた。それはそれで、大切なことですけどね。

しかし、人類がそうした「自然の改変」に対してとってきた基本的スタンスは何だったかをあらためて考えてみると、それはいわば「許してください」っていうことだったのか、と思う。改変の傷跡があることを知りつつ、その傷跡だけを直視するのではなく、多少目をそらして、あるいは見て見ない振りをして、いいこともあるから許してくださいと祈る。それが人類の知恵だったんじゃないでしょうか。

みらい　先延ばしみたいな。

伊丹　先延ばしではあるね。ひとまず置いといて、と仮置きかな。仮に置いておいて、後の世代の方、よろしく、っていう感じでもある。それで、後の世代がなんとかがんばるから、ここまで来た。人類が五十万年以上にわたって繁栄してきた。多くの人の生活がよくなってきたことを考えると、あながち間違っているとも言えない。あまり禁欲的になっちゃうのも、問題でしょう。

光希　何もできなくなっちゃう。

伊丹　そう、何もできなくなっちゃう危険もある。だけど、その種の傷跡の問題をどうするんだって考えはじめると、わからないことだらけだよね。リスクはないかと言うと、ないとは言えない。でも、どうするか。案外、過去の歴史の中の人類の知恵ってたいしたもんだと思います。もし一切の「自然の改変」に人類が厳しい態度で臨んできたとしたら、文明の発展はかなり遅かったでしょうね。

みらい　でも、変えすぎることへの抵抗も必要じゃないでしょうか。古いことも大切にしたいという気分は案外と多くの人にあると思います。妙に小さな話ですが、ペットボトルでお茶が飲めるようになった、というイノベーションで小さな弊害が出ていることが、今、気になりました。お茶を淹《い》れてと言われた時に、「お茶の淹れ方がわからない。なぜなら、ペットボトルでしか飲んだことがないから」という理由をつけた若い人がいるっていうんです。

伊丹　でも、それ、何の弊害なの。

みらい　便利になったけれども、日本人として、急須でお茶を淹れたいじゃないですか。

伊丹　なるほど。古くからあるものがもっている良さというのも一方にあるはずなのに、新しいイノベーションがそれを忘れさせてしまう、ということですか。昔のままの、改変しない自然の良さも考えたい、ということにもなりそうだね。

むしろ、イノベーションが出てきたら、古いものをより大切にする心根、万古不易《ばんこふえき》の自然を大切にしたいという心根が、多くの人に芽生えてくるようなところまでいくと、本当は一番いいバランスなんでしょう。だけど、そんな人って多くないから、イケイケどんどんイノベーションみたいな人とそれを斜めに見て古いものを大切にしたい人と、両方が社会の中にいるといいんでしょうね。

実際に、人間の社会にはつねに両方の人たちがいて、そのせめぎ合いの中から残ったものが進歩の歴史なんだろうね。それは社会全体である意味バランスをとっているんですよ。それもいい。それも、人類の知恵か。

伊丹のひとり言

イノベーションは、意図としては人を幸せにしようとする試みですが、結果として幸せにしないこともありえます。それをわかった上で、進歩というものに対する哲学を、イノベーションを興そうとする人はもつ必要があるでしょう。

それが、この章での対話をした私の率直な結論です。「イノベーションは人を幸せにするのですか」という彼女たちの素朴な疑問のパワーは、前章に続いて、大きかった。

結局、進歩というものに対する基本スタンスを問われているのでしょう。そして、地球の歴史、人類の歴史が進歩と呼べるとしたら、なぜ進歩と言えるのか、とつい考えました。

立場として、地球の歴史も人類の歴史も進歩ではない、という考えの人もおられるでしょう。しかし、私としては、どうせその歴史の小さな一コマを生きているのなら、進歩と捉えたい、と思います。だから、地球の歴史が進歩ならば、地球が自分で自分を変えてきた、自然が自分で自分を変えてきたことの意義は何かを、問いたくなったのです。

遺伝子組み換えも地殻変動も、地球は長い歴史の間に自分でそれを行ってきました。だからこそ、生命が生まれ、生物の多様性があるのでしょう。地球こそ、最大のイノベーションと言えるような気がします。

そうした地球や自然の自己改変の歴史の中で、人類が地球や自然に対して行ってきた改変の行為もありました。それを、どのように進歩と考えるべきか。

私がここで人類の知恵と言った進歩への基本スタンスは、「許してください」「仮置きで、あとはお願いします」、という無責任に聞こえるかも知れないスタンスです。

しかし私は、無責任のつもりはありません。ただ、人間の知識の限界が必ずあると知りつつ、しかし知っていることの範囲内でもっともいいことを試みたい、という人類の姿勢を私は信じたいとも思います。

第9章

東京オリンピックはイノベーションにつながるか

オリンピックがイノベーションにつながる、となぜ考えるか

幸 イノベーションを進ませるきっかけになりそうなことに、国家的なイベントがありそうに思うんですが、二〇二〇年の東京オリンピックは日本に多くのイノベーションをもたらすきっかけになりそうでしょうか。前の東京オリンピック（一九六四年）の時には日本がかなり発展したという話ですので、今回も同じことが期待できるのかなと思って。

伊丹 前の章では、イノベーションは人を不幸にするか、などと深刻なテーマを議論しましたが、やはりイノベーションという進歩への期待は大きいんだよね。とくに、国家的イベントがあると、それをきっかけに、とつい思っちゃうよね。

たとえば、この本でも新幹線の話を紹介しましたが、あれは前回の東京オリンピックに間に合わせようと拍車がかかった例でしたね。ただ、今回の東京オリンピックは前回ほどのインパクトはないような気がします。その理由は、イノベーションのネタがどのくらいたくさんあるかを考えてみると、前回のほうがより多かったように思えるから。

それは日本が置かれていた状況によるんだと思う。前回の時は、日本の発展段階がまだそれほど高くなかった。第二次世界大戦に敗戦してから二十年も経っていなかった。高度成長の真っ盛りの頃でした。それは逆に言えば、社会インフラなどではイノベーションをする必要度が高い国だった、ということです。たとえば高速道路がなかった東京に初めて高速道路を作りましたとか。さらに、イノベーションを可能にする技術のネタを外国からもって来られた。新幹線は違いましたが、高速道路なんかはまさにそうでした。日本の技術がまだ遅れていた、ということでもあるね。

つまり、イノベーションの必要性というネタ、イノベーションを可能にする技術というネタ、その両方とも前回のオリンピックの時のほうがたくさんあった。必要性のネタは国内の発展段階の遅れで国内に多くあったし、技術のネタは外国から導入できるネタがたくさんあった。今回は、日本もそれなりに発展した社会インフラのある国になったし、技術面でも日本の技術が発展したから外国から導入すればいいというネタは前よりは少なくなっているでしょう。

でも、オリンピックは国民の関心も政府の関心も高い大きな国家的イベントです。しかも、国際的イベントです。だから、イノベーションを興すきっかけには今回もなるでしょうね。それを、例によってイノベーションの三段階で考えてみると、前回の時は筋のいい技術で外国で育っていたものがかなりあった。そしてオリンピックを成功させるために、日本の戦後復興の姿を世界に見せるために、というのでそうした技術の市場への出口をオリンピックが用意してくれた。さらに、国家的イベントで日本の社会全体がオリンピックに沸き立ったわけだから、社会が動く土壌もきちんとあった。つまり、イノベーションが起きやすい状況でしたね。

今回は、イノベーションの三段階のそれぞれで、前進させる力が前回より小さそうですが、それでもインパクトはあるでしょうね。

動機と圧力、どちらがより強力か

伊丹　今、前進させる力、という言葉を使いましたが、その力を動機と圧力に分けて考えると、一般的にイノベーションを前進させる力を考えることができそうです。

何ごとによらず、人間の集団が前進していく時には、前へ引っ張ろうとする力と後ろから押す力と、二つあるでしょう。前へ引っ張ろうとする力を「動機」といったらいいでしょう。こんなことをやりたい、という前向きの気持です。後ろから押す力というのは、

「圧力」と呼びましょうか。必ずしもぜひ前進したいと思っているわけじゃないけど、後ろから何かに押されて、その圧力で前へ進む、進まざるを得ない、という意味で「圧力」です。

さて、動機と圧力、どちらがより強力に前進させる力になると思いますか。

幸　圧力だと思います。自分が学校なんかで勉強した時のことを考えても、よりできるようになりたいっていう動機よりも、あんまり恥ずかしい成績にはなりたくないという圧力のほうが強かったと思います。

伊丹　大変、正直だね。僕も、大半の人間がそうだと思います。東京オリンピックもたぶん同じで、これだけ社会的に注目される世界的なイベントだと、多くの人が恥ずかしいことはしたくない、と意見が一致するんだよね。それで、恥ずかしくないように日本の遅れたところやまずいところを少しでもこの際よくしよう、という圧力が生まれる。その圧力に押されて、イノベーションへと動く人が多くなっていく、ということでしょう。

幸　国の威信をかけて、っていうことですね。

伊丹　そうです。さらにその上、社会の中にオリンピック圧力がある程度生まれると、それはイノベーションを興そうという人たちを後ろから押すだけじゃなくて、イノベーションへの抵抗勢力にも作用するようになるでしょう。これまでもたびたび話に出ていた、イノベーションにためらう人、利害で抵抗する人、そういう人たちですね。そうした抵抗勢力が抵抗しにくくなる圧力も生まれそうです。

何かのイノベーションが起きようとしている時、それに抵抗しようとすると、「あなた、東京オリンピックのような世界に向けてのイベントが成功しなくていいのか」なんて言われちゃう。それで、「じゃあ、ちょっと我慢しなきゃいかんか」ってことになりやすい。だから、抵抗勢力が弱くなる。

おそらく、前回のオリンピックの時は、動機も圧力も強くて、とくに抵抗勢力になったかも知れない人たちへの圧力はかなりあったんじゃないかな。だから、高速道路を作るから立ち退いて欲しい、と言われて、それを受け入れた人も多かった。今回のオリンピックでは、動機も圧力も前回ほどではないでしょうね。

さっきの議論では、イノベーションのネタが内にも外にも前回より少なくなっているという話をしました。ここでは、イノベーションへの動機も圧力も、やはり前回より小さいだろう、という話をしています。これはあくまで前回のオリンピックとの比較論ですが、それでも社会インフラの整備などのイノベーションには今回もある程度のインパクトはあるでしょうし、日本らしいイノベーションの必要性もありそうです。それはあとで話しましょう。

規制緩和より規制強化がイノベーションにつながる？

紘子　イノベーションへの動機と圧力の強さの違いを考えると、最近よく言われている、「規制緩和をするとイノベーションが起きやすくなる」っていう話題で何か見えてきそうです。規制緩和とイノベーションとは、どんな関係になりそうですか。

伊丹　規制緩和をするとイノベーションが起きやすくなるという論理を考えてみると、規制緩和でイノベーションへの動機がより大きくなるっていう話と、イノベーションへの障害を規制がつくっている時にはその障害がなくなるとイノベーションは起きやすいという話と、二つあるでしょうね。

イノベーションを前進させる力という点から考えてみると、規制緩和でイノベーションへの動機がより大きくなるのは考えにくいですね。そりゃ、そうしたケースもあることはあるでしょう。規制緩和でさまざまに行動の自由度が大きくなるわけだから、その自由度の大きさを利用して前進しようとする動機が大きくなる、ということはありうる。しかし、動機よりも圧力のほうがイノベーションにはより強力、ということを考えると、むしろ規制が強化されて、その規制を乗り越えるためのイノベーションへの圧力が大きくなる場合のほうが、イノベーションを前進させる力が生まれそうです。

前に説明した自動車の排気ガス規制の強化が、自動車のさまざまなイノベーションにつながった例は、まさに規制強化がそれを乗り越えようとするイノベーションへの圧力、後ろから押す力になった例ですね。圧力だから、きれいなエンジンを作りたいという動機よりも、よほど強力だったでしょう。

今回の東京オリンピックで予想される社会インフラ系のイノベーションを考えてみると、何がありそうですか。

光希　福祉とか、バリアフリーとか。

伊丹　たしかに、バリアフリーの都市環境を整備するイノベーションが一つのイノベーションの候補でしょうね。このイノベーションへの圧力としては、バリアフリー環境を整備しなければならないという規制を強化することが考えられます。たとえば、駅やホテル、レストランなどにそうした規制を強化すると、バリアフリー環境の整備は進むでしょう。その圧力に押されてみんなが工夫を始めると、面白いイノベーションが出てくる可能性がある。

でも、バリアフリー環境のイノベーションにはおそらく規制緩和も一方で必要でしょうね。それは建築基準とか、バリアフリー工事の際の工事環境についての規制を緩める、とかです。東京の都市環境をバリアフリー対応にするといっても、更地に新しい都市設備を作るわけじゃありません。今ある設備を使いながら、しかしイノベーションを工夫しなければならない。そのプロセスを柔軟にできるように建築工事関係の規制を緩和しないと、イノベーションは進まないでしょうね。

この例は、じつはイノベーションと規制との関係についてかなり一般的に言えることを象徴している例だと思います。それは、「結果」については規制の強化、その結果への「到達のプロセス」については規制の緩和、その組み合わせがイノベーションを推進するということです。

結果というのは、自動車の例でいえば排気ガスという結果について規制を強化する。バリアフリーの例でいえば、そういう設備をもつことにするという結果について規制を強化する。でも、その結果に到達するための「プロセス」については規制をしないか、あるいは緩和する。排気ガスの場合にはプロセスの規制はありませんでしたし、バリアフリー設備の場合はそれを作る工事プロセスについては規制を緩和する、ということです。

もちろん、結果の規制強化とプロセスの規制緩和は必ずセットでなければならない、ということではありません。ただ、プロセスの規制強化はまずいだろうけど、結果の規制強化はいい、ということです。

もっとも、自動車メーカーが最初の排気ガス規制に抵抗したように、規制の強化は何ごとについても反対論が出てくるでしょう。しかし、社会が望ましい方向へ進むような結果規制ならば、それが圧力となってイノベーションを結局は推進する、ということがしばしばあることを忘れないようにしましょう。

市場への出口を塞いでいる規制の緩和は必要

みらい　でも、経団連をはじめとして経済界からは規制を緩和して欲しい、そうすればイノベーション推進になる、という意見も強いようですが。

伊丹　それは、せっかく技術は揃っているのに、それが市場へ出て行く出口を塞いでいるような規制がある。それを緩和してくれれば、イノベーション寸前まできている技術が日の目を見る、という意味でしょうね。そういうケースはたしかにあるでしょう。

クルマ関連でその例をあげれば、エアバッグという衝突衝撃吸収装置がありますが、あれが市場に登場する段階で、たしかに国の規制が出口を塞いでいたことがありました。

エアバッグの原理は衝突の衝撃を感知してガスが一気に噴出してバッグを膨らませるという原理ですが、衝突の衝撃からガスの噴出までの間に火薬を使った爆発装置がある。自動車の衝突の衝撃が引き金を引く形で、点火装置内の火薬が爆発して、その爆発によってエアバッグ内へのガスの噴出プロセスが起動するわけ。

このエアバッグの点火装置技術をドイツから導入して日本で生産しようとした時、当時の運輸省の規制に引っかかった。火薬という爆発物を自動車の中に入れ込むのはクルマの危険防止の規制に抵触する、という解釈でした。クルマにはガソリンが積んであるんだから、そのガソリンの近くに火薬なんてダメ、という考えですね。わからないでもない。しかし、その点火装置がなければエアバッグの市場は生まれない。だから運輸省の規制がエアバッグ技術の市場への出口を塞いでいたわけ。その規制が変わって、エアバッグに限っては火薬を使った装置をクルマに搭載していいということになった。これなんか、規制緩和がイノベーションの実現につながった例ですね。

しかしこの例でも、技術開発そのものを規制緩和が推進したんじゃない。すでに自動車利用者の安全のために技術開発が進んでいたんです。そうやって筋のいい技術が育ったところで、市場への出口で規制の壁ができていた。その壁を取り払えば、市場ができてくる。何も、筋のいい技術が育つこと自体を規制緩和が後押ししてくれているわけではないんです。むしろ、自動車利用者の安全のためにそうした衝撃緩和装置を搭載せよという規制が強化されてたら、技術開発がもっと後押しされていたでしょう。

やっぱり、技術そのものを育てるには案外と規制強化が意味をもつ。しかし、市場への出口をつくるには出口規制の緩和、ということでしょうね。

オイルショック後の離れ業を再現したい

智恵　先ほど今回のオリンピックをきっかけにバリアフリーのイノベーションが進みそう、という話がありましたが、たしかにパラリンピックも同時に開催されるわけですし、それはいいですね。東京の街はあちこちにまだ段差もあるし。他には、どんなイノベーションが進みそうですか。

伊丹　バリアフリーよりも大きなイノベーションのテーマになるだろうと僕が思うのは、環境・エネルギー関係のイノベーションですね。東京オリンピックが二〇二〇年、その九年前に東日本大震災が起きた。そして原発事故を経験した国、日本。原発事故は放射能という環境事故であったし、もちろん電力供給にからむエネルギー事故だった。だから、当然、世界の目は、福島事故からほぼ十年後の日本が環境とエネルギーの領域でどのような国になっているのか、どのような国にさらにその先なろうとしているのか、そこに注目すると思います。

そこできちんとしたことをやらないと、世界に顔向けができない。だから、重い圧力装置に東京オリンピックはなるでしょう。かりに世界からの表立った視線が注がれなくても、日本自身はその圧力があると思ったほうがいい。その圧力が環境・エネルギー領域でのさまざまなイノベーションに日本が立ち向かわざるを得なくすると思うし、そうなった方がいいと思います。

たとえば、クリーンエネルギーのイノベーションですね。オリンピックの時のデモンストレーションとしては、電気自動車や燃料電池車をオリンピック関係者に大量に使ってもらう計画があるでしょうし、オリンピック関係の施設の多くをゼロエネルギーハウス（ZEH）にするのもいい。これは、自分が使うエネルギーを自分で賄う、外部からのエネルギー持ち込みはゼロ、という建物で、建物の外壁に太陽光発電装置をつけたり、空調の工夫をしたり、さまざまなことをやってゼロエネルギーにしようとするものです。

そういうデモンストレーションだけでなく、日本全体でさまざまなエネルギーイノベーションが起きないと、じつは原発にあまり頼れなくなった日本の電力供給がきわめて厳しい状況になると思います。太陽光発電は共同幻想の話の時に話題にしましたが、二〇二〇年にはまだそれほど大きな存在にはなれていない可能性が高い。それよりもむしろ、さまざまな節電イノベーションだったり、小規模水力発電のような小さい規模の発電装置の工夫でしょうね。

日本はじつは四十年以上前のオイルショックのあとで、石油消費量を減らしながら経済成長を続けるという世界の誰もが想像もしていなかった離れ業《わざ》をやってのけたことがあります。石油に依存していた日本、しかもほとんど中東からの輸入原油。そういう日本だからこそ、ものすごい省エネの工夫と新しいエネルギー源への転換、さらにはエネルギー効率の高い産業へのシフト、などじつに多様なイノベーションが国全体で起きました。圧力装置が全開で効いたようなもんです。

それと同じように、福島原発事故のあとの日本は、エネルギー消費全体を減らしながら安定的な成長ができるように、日本中が努力をする必要があります。一度、四十年前に日本はやれたんです。今度もまたやってのければいい。東京オリンピックは今（二〇一四年）から数えて五十年前のことでしたが、それから五十六年後の次の東京オリンピックに、四十年ぶりの離れ業をやってのけられれば、それはうれしいね。

幸　私、個人単位の発電システムができないか、と夢想しているんですけど。

伊丹　そりゃ、いい。そういうことをみんなが考える必要があるんです。だから、第11章で「イノベーションの夢を、私たちも考えよう」というテーマの章をつくって、みなさんにイノベーションの夢とアイデアを語ってもらいます。オリンピックと直接関係させるわけじゃありませんが、発電の新しいやり方、地球温暖化ガスと言われている炭酸ガスをプラスに使う方法、などなどいろいろと考えてみましょう。

おもてなしの国らしい、電子情報の使い方のイノベーションを

伊丹　さて、オリンピックが後押しするイノベーションとして僕がもう一つ注目したいのは、おもてなしの国・日本らしい電子情報の使い方のイノベーションですね。

ブエノスアイレスでオリンピックの東京開催が決まった時、滝川クリステルさんが「お・も・て・な・し」と招致スピーチで話したことが話題になったよね。たしかに日本は、おもてなしの精神がほとんどの外国よりはより強く、より広く、国中に広がっていると思います。そのおもてなしの国で、最先端のＩＣＴ（情報通信技術）を使って、オリンピックに参加する人、見に来る人にどんな情報の渡し方、その後のお手伝いとケアの工夫をするのか。

スマホを使った高度な地域案内システムなどのイノベーションをエレクトロニクス産業の人は試みそうです。それもいいでしょうが、僕は人間と電子機器のみごとなコラボレーションのやり方のイノベーションを見せて欲しい。おもてなしは最後は人間がやらなくちゃ。だから、無機質な電子情報だけに頼りすぎて欲しくない。

電子情報、デジタル情報を大量に、多様に、速いスピードで多くの人に届けようとする電子情報系のイノベーションは、どこかに人間とのあつれきを生むような気がしています。だけど、もちろん道具として利用可能なんだから、使ったらいい。しかし、人間の感覚にフィットした、人間のヒューマンタッチのおもてなしと混じり合った、そんなコラボレーションが欲しいね。

ただ、電子系の情報通信の技術的能力が大きくなりすぎて、うまく使わないと人間が不幸せになるゾーンに入り込んでいるような気もしている。みなさんとの議論の影響なのか、僕も「イノベーションは人を幸せにするか」と問う気分が、ＩＣＴの世界ではあります。

それは結局、人間というこの生き物がどれぐらいの情報を受け取ったり、処理したりするスピードと能力をそもそももっているか、という本質にからんでくる。その人間の限界をはるかに超えて情報が行き来したって、人間にとって幸せなことはそれほど多くなく、不幸せなことがむしろ増えるんじゃないか、とさえ思います。

こういう話を僕が考えるようになった一つのきっかけは、じつは情報の話とは無関係に、軍隊での移動速度の話を聞いたことでした。軍隊で、陸・海・空とよく言うでしょう。陸軍というのは基本的には人間の歩く速度で昔から戦《いくさ》の進展度合が決まってきたわけだ。今は、せいぜい戦車が走れる速度です。これ、時速一〇キロとか三〇キロ。海もだいたいその程度のスピードです。

けれど、空だけは違う。ジェット戦闘機のスピードは平気で音速（時速一二〇〇キロ）を超えます。そうすると、陸・海・空で作戦行動を一緒にやるというのは大変むつかしくなる。人間の歩く速度と、船が行く速度と、ジェット機が飛ぶ速度を全部なんらかの形で協調させなきゃいけない。それで困るんだけど、結局はどこの国も陸軍が一番権力をもっているらしい。人間のスピードで考えている人たちなんだよね、陸軍は。どうも、人間の本能が、人間らしいリズムに他のもののリズムを従わせているんじゃないだろうか。

だから、情報の世界も結局は同じじゃないかと思う。人間の、ヒューマンタッチの情報のやり取り、そこに流れてくれるおもてなしの感情、そんなものをきちんと考えた電子情報と人間のコラボを、東京オリンピックでは見たいと思いますね。

伊丹のひとり言

イノベーションには、動機型イノベーションと圧力型イノベーションがあります。圧力型イノベーションのほうが、インパクトがより強力になるように思います。

動機型イノベーションは「あったらいいな」イノベーション、圧力型イノベーションは「ないと困る」イノベーション、とでも言えるでしょう。もちろん、動機型イノベーションも世の中には多く、大きなインパクトがありますが、圧力型のほうが「助かった」と思えるインパクトが強いようです。

この章で私は、ついつい東日本大震災とその直後の原発事故とオリンピックの関係を考えました。つまり、あの原発事故がもたらした日本への圧力は何か、そしてその圧力への答えを日本は東京オリンピックでどう世界に示せるか、という問題です。

禍福はあざなえる縄の如し、そんな言葉をつい思い出したくなります。起きてはいけなかった福島事故のおかげで、放射能汚染で現地が長い期間悩まざるを得なくなっているだけでなく、原発に依存できなくなった日本は二酸化炭素を大気に大量に放出してまでも、電力供給をせざるを得なくなっています。だから、節電のイノベーションが必要ですし、二酸化炭素の放出量を減らす化石燃料発電のイノベーション、二酸化炭素を出さない再生可能エネルギー発電のイノベーション、など多様なイノベーションへの努力をせざるを得なくなっています。

その圧力が、日本を真のエネルギー先進国にする試練になって欲しい。四十数年前のオイルショックのあとで、石油を断たれそうになった圧力が日本に「石油消費量を減らしながら経済成長を続ける」という離れ業をさせたことを思い起こします。同じことを今回もして、世界をもう一度驚かせたい、と思います。

ガンバレ、ニッポン。

それは、オリンピックの会場で日本選手に送る声援というだけではなく、「オリンピックまでの期間の」日本のイノベーション努力への声援でもあるのです。

第10章

イノベーションを興せる人はどんな人？

私たちもイノベーションに貢献できますか？

紘子　私たちみたいなふつうの人間も、もしかしたらイノベーションを興せるかも知れないという幻想を抱いて、議論に参加してきたんですけど、どうなんでしょう。

伊丹　あらかじめ意図して貢献できることはそれほど多くないかも知れない。でも、イノベーションっていうのは何度も言っているように、多くの人のバトンタッチだから、そのどこかで、小さくてもいいからバトンタッチに参加したらいいでしょう。イノベーションは誰かたった一人の人間が、たとえば天才的技術者がイノベーションを全部、最初から最後まで自分の力でやるなんていう例はほとんどありえません。イノベーションは英雄だけが興すものじゃありません。

日本の天才的技術者として有名な人に、みなさんも知っている本田宗一郎さんというホンダの創業者がおられますが、彼が興したイノベーションには多くの人が協力していますよ。イノベーションの成果である新しいタイプのオートバイを売る仕事は藤沢武夫さんという名パートナーがいました。それにそもそも本田宗一郎さんが考えたアイデアを誰かが部品の図面に落とさないと、試作もできない。試作する人は図面をもとに金属を加工するわけだから。その図面に落とす作業を初期の段階で一手に引き受けていたのは、後にホンダの二代目社長になった河島喜好さん。そして、実際に工場の現場で試作や量産にノウハウを発揮した数多くの職工さん。大勢の人のおかげで、本田宗一郎さんが中心になったイノベーションが結実しています。

誰かが始めた開発の仕事を別な人が引き継いで、思ってもみなかった時に意外な発見をして、それが最後にイノベーションに結実する、そんな例も多いんですよ。前に話したペニシリンのフレミングの例はそのいい例です。しかも、技術を開発すればそれでイノベーションになるんじゃなくて、それが製品やサービスに変わって、多くの人に届けられて市場への出口がつくられ、さらに社会が動いていくという三段階がある。そのどこかで、みなさんだって貢献できることって十分あるんじゃないかな。

紘子　それ、どういう時にできるんでしょうか。

伊丹　技術開発そのものに参加するのは、ふつうの人、技術者じゃない人には無理でしょうね。でも、技術の成果が世の中で誰かに使われればはじめるきっかけのところで何かお役に立つかも知れない。あるいは、社会が動くためには、いろんな人に「あれいいよ、これいいよ」と情報が伝わっていくプロセスが必要ですが、そこでお役に立てるかも知れない。

みなさんがイノベーションの中心人物になる、ということは少し無理があるかも知れませんが、思わぬ貢献ができるところはあちこちにあるでしょう。自分が何かのきっかけで一つのイノベーションの一部になりかかった時に、「あ、これ、とってもいいチャンスが来たから、私がんばろう」というふうに思うようにしたほうがいいと思う。

みらい　何でしょうね、思わぬ貢献って。

伊丹　そりゃ、「思わぬ」だから、事前にはわかりませんよ。でも、フレミングの場合のような、偶然がイノベーションを助けている現象のことをセレンディピティというんですが、そのセレンディピティを手に入れられた人、それを味方にできた人には共通の特徴があるようです。パスツールという有名な細菌学者は、いろんな菌の力を発見した人ですが、この点についていい言葉を残しています。

「準備ある心の持ち主にのみ、幸運の女神は微笑む」

偶然の幸運の女神は、じつは多くの人に訪れてくれている。しかし、その偶然の幸運に気が付く人と気が付かないで通り過ぎちゃう人がいる。日頃から問題意識が高いとか、何かを探し求めているとか、そういう準備の心のある人だけが、幸運の女神が来てくれていることに気付いて、そしてその気付いた人に女神は微笑んでくれる、ということです。フレミングは、準備のある人だった。彼は戦争で感染症で死ぬ兵士たちをたくさん見ていて、感染症をなんとかしたいという意識が高かった。殺菌力のある物質を探していたんだよ。

紘子　準備ある心、ですか。大変ですが、がんばります。

ユーザーイノベーションに参加する

伊丹　しかし、ふつうの人はイノベーションの成果のユーザーですよね。だから、ユーザーとしてイノベーションに参加する、貢献する、というのが一番ありそうな形でしょう。そこで最近よく話題になっているのが、ユーザーイノベーションという考え方。ユーザーが起点となるイノベーション、という考え方です。二つのタイプがあって、一つはユーザーの希望やアイデアをベースに新製品開発などのイノベーションを興そう、というもの。もう一つは、ユーザー自身が新しい製品を自分で創ったり、製品改良をやってしまう、というものです。

智恵　第一のタイプなら、私たちにも参加できそうです。

伊丹　そうですね。第一のタイプのユーザーイノベーションは、いろんなメーカーがユーザー参加型の製品開発プロジェクトをやっていますよ。一番成功していると言われているのが、ブロックおもちゃで有名なデンマークのレゴかな。レゴって、自分でブロックを組み合わせて自分の好きな形を作れるでしょう。でも、自分の好きなものを作るには、必要なレゴの種類や数が足らないかも知れない。特別な形のブロックが必要なこともあるから。だから、ユーザーが自分の欲しいレゴ完成品を考えて、会社へ提案している。この完成品を作るためのレゴブロック全部を揃えて欲しい、というわけ。こうしていろんな完成品のアイデアがレゴという企業のホームページに集まるし、載っている。

こういう戦略をレゴがとりはじめたきっかけは、レゴを使ってロボットを組み立てるためのソフトを開発して、公開したことでした。そのソフトをある学生が自分の使い勝手がいいように書き換えて、インターネットで公開した。そうしたら世界中でさらに書き換え、つまりソフトの改良が、いろんな人によって行われました。これは、レゴからすれば自分のソフトを勝手に作り替えられたことになるけど、その質のよさに経営陣が目をつけて、むしろユーザーのアイデアと知恵を積極的に利用しようと組織的に乗り出した、というわけ。

光希　でも、第二の、自分が製品を創ったり、というのはハードルが高いかも。

伊丹　いやいや、いろんなアイデア製品がユーザー自身によって開発されていますよ。小型のイノベーションですけどね。たとえば、みなさんも知っていそうな製品でいえば、「初恋ダイエットスリッパ」。中沢信子さんという主婦の方が、家事のついでにダイエットになる運動をできないか、と考えて工夫したスリッパ。かかとの部分がないんです。だから、このスリッパを履いていると、ふくらはぎを使い、背筋が伸び、体全体の筋肉を使い、ということになって、ダイエットにつながる。十年間で四〇〇万足も売れたそうです。金額にして五〇億円とか。今では中沢さんは小さな発明製品企業を始めたほどです。

みなさんも、ガンバレ。

なぜユーザーイノベーションが重要か、と言えば、企業側がユーザーの本当のニーズを事細かに知るのはとてもむつかしいからです。細かいところまでは、ユーザーだって企業側に伝えようにも伝えられないかも知れない。だから、ユーザーが直接開発に参加するか、ユーザー自身が開発してしまうか、そんなユーザーイノベーションが重要になるんです。

イノベーションの中心になれる人の資質は

幸　ユーザーイノベーションが大切で、私たちも参加できそうなのはわかりましたが、多くのイノベーションには中心になれる人、たとえば本田宗一郎さんのような方がおられるように見えます。そういう中心になれる人に必要な資質って、どんなものですか。生まれつきの素質ですか。

伊丹　それは大切な質問だね。ちょっとみなさんと議論しながら、その資質は何かを考えてみましょう。みなさんの意見を言ってみてください。直感でいいから。たぶん、結構当たりますよ。

幸　新しもの好きとか。

伊丹　これは絶対ありそうだね。新しいことを嫌がらない。だから、トライするわけだ。あるいは、トライしてくれと言われた時に、やってみてもいいな、と思える。〝新しい〟がとにかく好き。これは絶対必要だね。ほかには？

みらい　ポジティブ。

伊丹　なるほど。さっきの話は、新しいものにトライしたがる人、ということでした。今度は、一旦トライしてみて、それがダメでもめげないということがポイントなんでしょう。イノベーションが成功するまでには、たくさんの失敗があるだろうから、そこでめげていたんじゃ、最後まで行けない。失敗があっても、それでもやり続けてるうちに、どこかで当たるんだよ。そういう意味では、失敗にめげない人。イノベーションとは直接関係ないけど、松下幸之助さんが「成功する秘訣は何ですか」と聞かれたことがあって、その答えがいい。「成功するまでやり続けることです」。そんなポジティブさはイノベーションの中心になる人には絶対必要だろうね。ネアカだね。ネクラじゃ、みんながついていかない。

光希 多面的な考え方ができる人。正面から見たらこうかも知れないけど、裏から見たらこうかも知れないとか、横から見たらこうかも知れないという発想が生まれて、一つのことに対していろんな考え方ができる人。

伊丹 なるほど、視野が広い、柔軟に発想を変えられる、ということですね。そういう意味での多面的というのは大切なんだけど、多面的な人にはマイナスもある。それは、発想がいろいろ出てくるから、それに引きずられて、自分が動き回りすぎることがある。

光希 ムダが多い、っていうことになりますね。

伊丹 そうです。ちょっと失敗するとすぐ変わって、別なことをトライする危険もある。

だから、イノベーションみたいなことには案外向かない。それよりも、これでいいはず、と思って突っ込む人がイノベーションには向いている。

幸　ということは、思い込みが激しい。

伊丹　「思い込みが激しい人」という言葉で表現すると、それはイノベーションにはつながりそうもないよね。もうちょっといい表現ないかな。

紘子　しぶとい、とか。

伊丹　そうだね。さらに言うと、しぶといから、「掘り下げたがる人」っていうことかな。がんばって、そこを掘り下げる。ただうろうろするというしぶとさじゃなくて、何かと掘り下げて考えたがる人。だから、多少失敗してもやり続けて、いろいろと試みるわけだ。

みらい　さっき光希さんが言った多面的っていうのが、平面というか、広い感じだとすると、掘り下げるって、立体的に深くて。それで、深く行くとやっと石油が出てくるわけですね。

伊丹　たしかに。でも、掘り下げたがるというのは、思い込みが激しいということにもなりかねないし、多面的というと柔軟だということにもなるけど、ちょっとダメならすぐあきらめる人にもなりかねない。人間がもつべきいい資質って、放物線みたいなもんですね、イノベーションに限らず。カーブを描くと、どこかまでいいところがあって、それ過ぎるとマイナスが強くなる。

イノベーションの中心になれるという人は、そうしたいい資質が放物線のピークのところに近いバランスになっているんだと思う。このバランスというのは、たんに中庸という意味じゃなくて、いいところを限界に近いところまで保持する、という意味で、イノベーションにはとくに大切でしょうね。イノベーション自体が、これまでの限界と思われていたことをぎりぎりまで追い込むことなんだから。

知能指数の高さよりも、人がついてくる人

幸　知能指数が高いことも必要じゃないですか。頭がよくないといろんなことに気付けないから。

伊丹　さて、どうかな。知能指数の高い人は、早見えすることも多い。頭の回転が速いばっかりに、あれがどうなったらこうなるって、すぐいろんなことを考える。それでネガティブなこともたくさん思いつくもんだから、先読みしすぎちゃって、わりと早くあきらめる。

みらい　ア〜、ダメだ、ってすぐになっちゃうんですね。

伊丹　そうです。だから、こういう人は掘り下げる人にはなりにくい。知能指数はある程度だけあればいいように思います。むしろ、知能指数の高さよりも、他人のことへの想像

力が豊かな人。こんなことで困ってるんだろうなとか、あれができれば便利と思うだろうなとか、他人の立場になれる人のほうがイノベーションを興しやすい。それは、人への思いやりと表現してもいい。他人の立場のことがよくわかる人。フレミングの例をまた出せば、彼は感染症や疫病で死んでいく人たちのことを深く考えた人です。だから菌を殺すという現象に対する感度が強かった。

先ほどから、「イノベーションは英雄だけが興すんじゃない。いろんな人が参加した結果として起きるもんだ」と僕は言い続けていますが、知能指数の高い人が一人だけいたって浮くだけかも知れない。多くの人の救いの手みたいなもの、助けの手みたいなものが自然に出てくるような状況にならないと、イノベーションは成功しないように思いますね。

じゃあ、どんな人に助けの手が出てきやすいか。協力者が現れやすいか。二つの条件が一般にはあるように思います。

一つは、大きな地図をもっている人、その地図の中でどこへ行きたいかを明確に示せる人。そういう人には、その大きなビジョンや方向性に賛成する人が出てきやすい。そりゃいいな、それだったら自分も参加してみよう、と思う人が多くなるからです。地図が大きいとは、考えていることのスケールが大きいということと、周りがかなり見えている、ということでしょう。だから、自分もここでは協力できそう、こんなことなら助けてあげたい、と思う人が増えてくる。

本田宗一郎さんもそういう人の一人でした。なにせ、オートバイの世界で世界一のレースで完全優勝したらすぐに、四輪車の世界一の技術を争うF1フォーミュラレースに参加する、って言い出すんですから。当時まだホンダはオートバイメーカーで、四輪には軽トラックで参入するかしないか、という時期でした。大きな地図というか、ホラというか。でも、その夢の大きさにはついていこうとする人が出てくるわけ。オートバイでは大成功したからね。

同じように大きな地図があったのは、アップルのスティーブ・ジョブズ。彼は、いずれパソコンがデジタルネットワークの中心の機器になり、小型化してモバイルになっていくと地図を描いていた。その地図の中で、自分はソフトとハードを一体化した、しかも「リベラルアーツと技術の交差点」の製品を作るんだ、と目標を掲げていた。デザインとは感性を大切にした技術、ということでしょう。それが、多くの技術者を魅了して、彼自身の人柄はかなりクセがあったけど、ジョブズについていった人が案外といた。

人がついてくる人の二つ目の条件は、さっきから問題にしている、感情面での豊かさでしょうね。あの人と一緒に何かをやりたい、と感情的に思える人には人はついていく。そのためには、知能指数よりもむしろEQ（Emotional Intelligence Quotient　心の知能指数、あるいは感情知能指数）が重要そうだね。他人の感情への理解が深くて、相手の気持を考えた行動のとれる人。本田宗一郎は、まさにそういう人でしたね。ジョブズは、その点はやや問題があったかも知れないけど。

組織人型イノベーターが日本の鉄鋼業にイノベーションを興した

光希　本田さんもジョブズさんも、お二人とも自分で企業を創られた方ですよね。やはりイノベーションの中心になれる方は創業者型の人がいいんでしょうか。

伊丹　たしかに、創業者が企業を成長させてきたプロセスそのものがイノベーションを伴っていることがあるから、創業者型のイノベーション人材が目立つでしょうね。それに、イノベーションを成し遂げるにはさまざまな困難を乗り越える必要があるし、粘り強く市場への出口をつくらなきゃいけない。事業を創業するプロセスとイノベーションは似ているところがかなりあるでしょう。

しかし、本田宗一郎がＦ１や排気ガス対策エンジンというイノベーティブな仕事を成し遂げたのは、すでに自分が大企業の社長になっていた時だし、ジョブズがiPhoneのイノベーションを世に送り出したのも、すでにアップルが大企業になったあとでした。だから、ベンチャー企業がイノベーションを生み出した、というのとは違うんです。

紘子　東芝で日本語ワープロのイノベーションを成し遂げた方は、どんなタイプの方ですか。

伊丹　組織人型といいますか、大学を出てすぐ東芝へ入社されて、最後は常務にまでなった森健一さんという方です。企業の創業者ではありませんが、イノベーションの精神に溢れた方ですね。日本のイノベーションの多くは、こうした組織人型の方が、技術者として社会の将来ビジョンを描き、それへめがけて組織の力を存分に使いながら、多くの人の協力を得て達成したものでしょう。それに、組織人とはいっても、上から言われたことを忠実にやるだけ、という意味の組織人ではありません。組織の中の力学を心得た上で、しかし自分の夢を実現するのに組織の力を使う、という意味の組織人です。

西山彌太郎という川崎製鉄（現ＪＦＥスティール）の初代社長も、組織人型のイノベーターですね。彼は、第二次世界大戦が終わって五年しか経っていなかった一九五〇年に千葉海岸に大型の臨海一貫製鉄所を造る、と言い出しました。川崎製鉄という会社が川崎造船所の製鋼部門から独立企業になってすぐです。しかも、必要な資金は川崎製鉄の資本金の三〇倍を超す、という巨額投資でした。

一貫というのは、溶鉱炉を持って銑鉄を生産し、その銑鉄を製鋼して各種の鋼材・鋼板を造る、という意味です。銑鉄生産から鋼材生産まで一貫ということです。臨海とは、製鉄に必要な鉄鉱石や石炭を海外から輸入して、船からすぐ製鉄所に持ち込むということです。今でこそ、日本の製鉄所はほとんどすべて臨海一貫製鉄所ですが、当時は世界的にもかなりユニークな発想でした。

世の中は冷ややかに見ましたし、金融筋からの反対もあった。川崎製鉄は溶鉱炉を造ったことも操業したこともない会社だったんです。しかし、西山彌太郎は敗戦国日本が戦後復興を遂げて世界の中で発展するためには、安い鉄がどうしても必要だと言って、がんばった。

彼は大学を出てすぐに川崎造船所に入り、組織人として組織の階段を上がってきた人です。まじめで、誠実で、一〇人の子沢山で、工場の現場でもオヤジと慕われていた。その彼が、千葉製鉄所プロジェクトという日本の鉄鋼業の戦後初の大きなイノベーションを成功させました。しかも、千葉に製鉄所を、と言い出した時、彼はすでに五十七歳。従業員数が一万人を超えていた大企業のサラリーマン社長の、人生最後のイノベーションプロジェクトです。

その成功が日本の鉄鋼業に雪崩《なだれ》を起こし、続々と競合他社が大型製鉄所建設とそのための技術革新へと走りはじめます。その結果、鉄鋼業は大発展し、戦後の日本の産業の重化学工業化も成功し、日本経済の高度成長期が動き出します。西山のイノベーションが、戦後日本の高度成長を引きずり出したんです。このイノベーションは、典型的な組織人型のイノベーションですよ。工員さんたちにも「俺たちのオヤジ」と慕われていた男のイノベーションです。

みらい　でも、組織人型も創業者型も、根底にあるのは「もっと幸せになりたい」「もっといい世の中にしたい」という思いですね。

伊丹　そう、根底は同じ。新しもの好き、ポジティブ、失敗にめげない、掘り下げる、大きい地図を描いている、人がついていく。みなさんと議論したそうした特徴も、絶対に必要なんだね、共通に。

伊丹のひとり言

イノベーションは、もっといい世の中にしたいという思いが、多くの人の共感を呼んで、彼らの助けの手が出てきて初めて成し遂げられるものです。

イノベーションの成就には「多くの人」という言葉がキーワードだ、とこの対話で繰り返してきました。イノベーションの試みに社会が動くというのは、需要する側の多くの人が賛同して買ってくれるということ。そして、供給側でも、そこまでの製品やサービスを社会に提供できるようになるためのプロセスで多くの人たちの助けが必要です。一人でやれることには、すぐに限界がきますから。

助けの手がたくさん出てくるのは、そのイノベーションの試みが「もっといい世の中にしたい」という志を秘めていることを、多くの人が感じてくれるからでしょう。そのイノベーションで自分がいくら儲かるか、などとばかり考えている人には、助けの手はあまり出てこないでしょう。出てくるとすれば、金銭の見返りをあてにした協力だけでしょうか。しかしそれでは、長いイノベーションの曲がりくねった道のりを乗り切るだけのエネルギーにはならなさそうです。

人はパンのみにて生くるにあらず。「世の中をもっとよくしたい」という思いが、組織人型のイノベーターでも創業者型でも共通に必要ですね、という対話の中の指摘はまことに正しく、かつ重い。

その思いをどんな人が長く強く持ち続けられるのか。それが、どんな人がイノベーションの中心になれるか、というこの章の基本的疑問を言い換えたものでしょう。答えとして、新しもの好き、ポジティブ、失敗にめげない、掘り下げる、大きな地図を描いている、人がついていきたくなる。すべてこの対話の中で彼女たちが指摘してくれました。女性の感覚の鋭さに、ここでもあらためて脱帽。

第11章

イノベーションの夢を、私たちも考えよう

リアリスティック・ドリーマーになろう

伊丹　イノベーションに自分たちも貢献できますか、という質問を前の章で受けました。ユーザーイノベーションに参加するというのが、一つの姿でしょうが、そうなるかどうか、みなさんにイノベーションへの夢を考えてもらいましょうか。

イノベーションは、社会にこれまでになかった新しい価値を生み出すものですから、今は存在していないものをまず夢に見る人じゃないと、興せない。そのイノベーションが起きるまでのいろんなバトンタッチに参加して少しでも貢献する人でも、やはりその夢を共有できなきゃダメですよね。でも、イノベーションにはためらいも抵抗勢力もあるから、そうしたさまざまな壁を乗り越えないとイノベーションは実現しません。そんな壁を越えられるような工夫をするためには、ただ夢を見ているだけじゃダメで、リアリスティックに壁と向き合い、現実的な知恵を出さなきゃいけない。

だから僕は、イノベーションの中心になる人もその一コマに参加する人も、リアリスティック・ドリーマーじゃなければダメだと思う。ただのドリーマーじゃダメです。リアリスティックでなくちゃ。でも、ドリーマーじゃなきゃダメなんです。こんなことできたらいいな、って人が見ない夢を見られる人。小さな夢でもいいんです。

幸　私たちがそんな人になれますか。

伊丹　なれるでしょう、まず夢を見ることができれば。だから、「あったらいいな、こんなイノベーション」という小さな夢を、みなさんに考えてきてもらいました。そのアイデアの中から、これからイノベーションの起きる分野として多くの人が関心をもっている、エネルギー、環境、健康の三つの分野から一つずつ、みんなで考えてみましょう。

みなさんは、まず夢を語ってください。その夢の実現で壁になりそうなものは何か、を僕が例示してみます。リアリスティックになるのは、そのイノベーションの壁はどこかを意識することですからね。

エネルギーから：個人単位の発電システム

幸　私が考えてきたのは、個人単位の発電システムです。歩いている時に自分の振動で発電しちゃうとか、自分が出している熱で発電するとか。スマホの電池がすぐ切れるんで、自分で充電できたら便利だろうな、と思いました。

伊丹　小さないい夢だね。一人ひとりの人間が別に発電しようと思って何かやってるわけじゃないんだけど、どうせやってることで「ついでに発電」という話だよね。

結局、電気というのがどういう原理でできるかということを科学として突き詰めていくと、いろんな原理があることがすでにわかっている。そのいろんな原理をどう使えるか、を考えることになる。

僕たちが今使っている電力のほとんどは、電気そのものが生まれる原理としては一つだけです。電磁誘導現象といって、磁石の周りにコイルを作って回すと、そこに電力が流れるという、ファラデーという人が発見した物理学の法則を使っている。水力発電は、ダムの水が落ちていく途中に水車を置いておくと、水車がクルクルッと回るわけだ。その回転運動で磁石かコイルのどちらかを回して、それで電気が生まれる。
　火力発電も原子力発電も同じ原理で、水を熱して水蒸気を作り、その水蒸気でタービンを回す。あとは水力発電と同じ原理です。ふつうの火力発電は熱源を化石燃料を燃やしてつくり、原子力発電は核分裂の熱を熱源にしています。
　ところが、電気というのは、いろんなことで発生する。振動でも発生する。振動から電気を生むデバイスを作ればいいわけだ。たしかすでに、慶應の先生たちが人の歩く圧力を電気に変えようという小さい実験をやっていると思います。床に電気が発生するような圧電素子を埋め込んで、その上を人が歩くたびに電力ができる。

光希　渋谷駅で実験をやってましたね。

紘子　靴とかに仕込んであったらいいですね。

伊丹　靴の中に仕込んで、一日歩くと、万歩計の代わりに、万ボルト計みたいになる。
　そういうようなものは開発できる可能性はあるでしょうけど、実現の鍵は何かの振動から生まれる圧力を電力に有効に変換してくれるデバイスの開発でしょうね。

電気が生まれる原理は他にもあって、たとえば中学の理科の実験でみんな勉強する水の電気分解の逆の原理がある。水の電気分解は水に電気を通すと、酸素と水素に分解するということだけど、その逆をやって、酸素と水素を化学反応させて水を作ると、その時に電気が発生する。それが燃料電池の原理です。水素を原料に電気を作るというのは、この原理なんです。酸素は空気中にあるからとくに原料として意識する必要がない。

しかし、リアリスティックに言うと、どんな原理で電気を生み出しても、最大の壁は蓄電かな。歩きながら発電ができたとしても、すぐにその電力を使えるとは限らない。電気を貯めておく装置につながっていて、そこで貯めた電力を必要な時に使う、たとえばスマホに充電する、ということでしょう。

太陽光発電だって、昼間は電力を太陽の光で作れるけど、夜に電力を使うことが多い。たとえば、照明に。そういうふうに時間的に発電のタイミングと電気使用のタイミングがずれていると、電気を貯める必要が出てくる。それには、蓄電池が必要になります。

さらに、みんなが個人単位で発電できたとしても、それを他の人が使えるように、しかもタイミングずれて使えるようにするには、みんなが発電した電気を集める仕組みみたいなものが必要になりそうです。

幸　たとえば、ステーションみたいなのがあって、ちょっと自分のところで貯まったら、そこでピッとこう、電気募金のように充電してあげるとか。

伊丹　蓄電・集電の仕組みのアイデアが出てきましたね。それが個人単位の発電が実用化できるための、一つの壁でしょう。もっとも、蓄電も集電も、電力のロスが生まれそうだから、自分で起こした電気は自分で使うという原則のほうが本当は効率的かも知れない。

みらい　自己責任発電ですね。

伊丹　いい言葉だね。必ずしも完全自己責任でなくてもいいけど、電気は発電するだけじゃなく、使うところまでどう電気をもっていくか、が壁なんだ。

環境から：ペンダント型空気清浄器

紘子　ペンダント型の空気清浄器はどうですか。中国のＰＭ２・５の報道を見ていたら、大きな空気清浄器を背負ってる人がいました。バッテリーで動かすとかで、それじゃ全体が重すぎるんで、ペンダント型で自分の口の周りの空気だけ清浄にしてくれる装置があったらいいな、と思いました。

伊丹　なるほど、たしかに環境対応のイノベーションとして、「あったらいいな」とは思うね。

光希　これと似ていて、菌を寄せ付けないペンダント型のものって、もうありますけど。

伊丹　それは、何かニオイ成分みたいなものを出せば、菌は寄ってこないかも知れない。しかし、空気を清浄にするとなると、まず空気をその装置が吸って、きれいにして、それで自分の口の周りに出してもらう必要がある。自分が吸う空気をきれいにしたいわけだから。虫よけ、菌よけよりはむつかしそうだね。中国人が機械を背中に背負っている場合、その人はマスクか何かしてるわけ？

紘子　全然。ただ背負ってるだけなんです。この周り全体を清浄してるようです。

みらい　それで自分が吸う空気がきれいになっているなんて、錯覚じゃないの、それは。

伊丹　みんな、リアリスティックになってきたね。それは完全に錯覚だろうなあ。

紘子　でも、ペンダント型をみんなが持っていたら、意外に全員の効果で地球全部の空気清浄になるんじゃないかなと思って。

伊丹　粘るね（笑）。イノベーションには、そうした粘りが必要です。ただ、何か清浄するプロセスで有害物質をどこか固定化して貯めるということになりそうだね。有害物質をよそへ吐き出すだけだと、他の人の迷惑になる。

紘子　わかりました。じゃあ、ペンダントの中にフィルターみたいなものを入れて、毎日取り替える。

伊丹　ますます粘るね。それでいいよ。フィルターの中で、たとえば化学反応を使って、悪い空気の素を固着するんだね。でも、よくなった空気を出してもらわないといけないね。自分が吸う口の近辺に。

紘子　そうなんです。きれいになった空気を吹き出すファンがいるんです。そのファンをどう回すかも問題ですね。そのシステムが難しいんだろうなと、妄想に妄想を重ねてました。

伊丹　えらいもんだね、そこまで考えられるようになりましたか。

一番むつかしいのは、ペンダントという小さい装置の中で不純物を固着させるフィルターだろうね。いろんな物質が取れなきゃダメでしょう。それに、小さなモーターとファン。

かなりの科学技術の進歩が背後にないと実現しないね。その研究開発投資を誰がやるか、それがこのイノベーションの一つの壁のように思います。一つのリアリスティックなアイデアは、やはり国防だろうね。細菌戦争用の個人空気清浄化装置の開発とかに軍のカネが出て、その技術の発展形で紘子さんが粘っているペンダントの元の技術が開発される。案外、アメリカや中国ですでにやっていることかも知れません。

健康から：万能スキャン診断システム

光希　私が考えてきましたのは、万能の体スキャン装置です。血液検査もせず、バリウムも飲まず、スキャンするだけでいろんな病気がわかる。いろんな病気の早期発見にもつながっていいんじゃないか、と。

伊丹　スキャンというとCTスキャンのイメージですかね。コンピュータを使った体の断層撮影の技術です。CTは体の外からX線を当てて体の中の組織の形態を撮影するんですが、PETというのが最近は普及しはじめていて、これは陽電子（ポジトロンという）を放出するような化合物を体内に入れて、その電子の放出の具合を撮影して、病気になっている部分だと放出具合が違うことを検出する装置です。

万能ですべての病気がわかるというのはむつかしいでしょうが、かなりの範囲の病気の診断には、案外、近未来に可能になるかも知れない。装置の価格が高いのが問題ですけどね。さっきの空気清浄器よりはすでに技術的に可能な範囲に入ってはいます。

みらい　でも、検査は可能になっても、その検査結果を誰が見るか、その人の診断能力というのが大切なんじゃないでしょうか。今の胃ガンの診断でも、たまたま胃が専門のお医者さんだったから胃ガンの小さいのも見つけてくれました、だけど、専門外だから見つけられなくて、いろんな病院を回りまわって、ようやく原因がわかりました、ということもありそう。だから、スキャンをすればいい、っていうことじゃないような気がします。

伊丹　センスいい発言だね。リアリスティックにこの種の検査装置のイノベーションの壁を考えると、僕も診断のところが最大の壁だと思います。同じレントゲン画像を見ても、ガンを見つける人と見つけられない人といますから。

もっとも、ガンだと誤診する例もあるそうですよ。お医者さんに聞いた話ですが、「学生ガン」という言葉があるそうで、医学生や若い医師がガンと見間違うような肺の画像があるんですって。肋骨とガンの見分けがつかなくて、これガンだ、と診断しちゃう。だから、学生ガン。

みらいさんが言ったように、スキャンはあくまで診断のための検査情報を出すだけで、本当に大切なのは、その検査情報を解釈する側でしょう。これを機械で正確な診断ができるようになったら、それが本当のイノベーションでしょうね。ちょうど、個人発電で発電しても、電気を使えるようなところまで持って行かないと本当のイノベーションにならないのと、同じことです。イノベーションをユーザーの側から考えて、最後の一歩まできちんとやらないとイノベーションにはならないんだね。

みらい　そうすると、スキャンは別に新しいことをしなくてもいいから、今ある検査情報からきちんと診断できるシステムを作ることもあるんじゃないですか。いろんな過去のパターンを入れといて。

伊丹　むしろ、そっちのほうが、スキャンを進歩させるよりいいかも知れない。新しい検査も必要でしょうけど、今ある検査方法の結果の診断プロセスをものすごく精密にやってくれるイノベーションのほうが、ありがたい。

光希　そうでないと、いらない検査をいっぱいして消耗しちゃったり、検査疲れで病気になったり。

伊丹　そう。リアリスティックに考えると、診断のところが大きな壁だね。抵抗勢力も出てくるかも知れません。機械が診断できるようになると、お医者さんの役割が変わっちゃう。それに抵抗するお医者さんも出てきそうで、案外新しい診断システムは普及が遅れるかも知れないね。イノベーションは社会を動かすわけだから、既存の既得権益を侵すことは避けられない。日本のお医者さんは全体として良識があることを願いましょう。

二酸化炭素を炭素源に

伊丹　さて、みなさんに夢の話をしてもらいました。僕も、地球環境を守るイノベーションの夢の一つをお話ししましょう。今後イノベーションのもっとも期待される分野って、地球環境をきちっと保って、将来の世代にふつうに生活のできる地球というものを残してあげるために必要なイノベーションだと思いますから。

その夢みたいな話というのは、別に僕のアイデアではないんですが、地球温暖化の元凶のように言われている二酸化炭素を化学産業の原料として使う、という話です。今のところは半分夢だけど、真剣に研究している人たちがいます。

　化学産業の原料って、今は石油か天然ガスです。そういうものをベースに、いろんな荒技を繰り出して、たとえばペットボトルを作っている。なぜ石油や天然ガスが原料になるかといえば、石油や天然ガスの中身は炭素と水素と酸素、それに他の元素が加わった、化合物なんです。その中でも、炭素って、いろんな化学素材を作るのにどうしても必要なんです。だから、今、二酸化炭素を減らそうというので低炭素社会という言葉があるけど、炭素を少なくすると人間の生活に支障が出る。困るのは二酸化炭素であって、炭素そのものではない。ただ、炭素を燃やすと二酸化炭素になる。発電所でも自動車でも結局、化石燃料を燃やしているってことは、炭素を燃やしているっていうことなんです。それで炭素が悪者になっちゃっている。

　じゃあ、炭素自身は悪者ではなく、むしろ化学原料として重要ならば、悪者である二酸化炭素は酸素原子が二つに炭素原子が一つ、という構造でその中に炭素があるんだから、その炭素を化学原料に使えるようにしたらどうか、というアイデアがあります。

　ただ、問題は化学工業の原料として使えるほどの濃度の二酸化炭素の塊を手に入れること。発電所の煙突から出ている二酸化炭素の濃度じゃ、とても薄すぎるんです。だから、何とかして集めないといけないし、集まってもまだ濃度が薄いからそこから十分な量の炭素を取り出すにはじつはコストがすごくかかる。だから、ふつうの化学産業の採算計算にはとても乗らない。

そこで、じつは規制がまたイノベーションを進める圧力になりうる。二酸化炭素を出すなという規制、二酸化炭素を出したら「炭素税」を払えという規制。そんなことが考えられています。そうなると、二酸化炭素の有効利用をせざるを得ないという圧力装置ができることになる。二酸化炭素を大量に出している発電所や工場が、その二酸化炭素を出して税金を払うくらいなら化学産業に使ってもらうのにカネを少し出したほうがいい、ということになるかも知れない。そうすると、化学産業としては自分の原料をタダどころかおカネつきで手に入れることになる。そうなれば、その後の工程にカネをかけても採算は合う、となる可能性が出てくる。

このイノベーションでリアリスティックな壁になるのは、なんといっても二酸化炭素の集め方。そこへ規制という要因が加わると、やっと壁を乗り越えられるかも知れない。リアリスティック・ドリーマーが規制強化を考えている、という一つの例ですね。

日本は、感性に訴えるイノベーションで

光希　リアリスティック・ドリーマーに私もなって考えてみますと、これまで本全体で出てきたいろいろなイノベーションには、時間短縮になるといいな、というイノベーションが多かったと思います。新幹線、情報検索、電子レンジによる調理の簡単化、すべて時間短縮のニーズに応えるイノベーションだったと思います。でも、人間をリアリスティックに考えると、こんなに時間短縮したことによって、そんなに幸せな人が増えるのだろうかという話になってきますよね。

伊丹　たしかに、リアルに考えると、そんなに急いでどこへ行く、という気分にはなるかもね。とくにＩＴ関連のイノベーションにはどこか人間の限界を超えたものを僕も感じていることはすでに話しましたよね。情報がこんなに大量に、こんなスピードで手に入ったところで、どうするの、という話ですね。

でも、感性の世界は違うと思う。人間の感性に訴えるイノベーションはまだまだと思うし、これからも未来があると思う。それに、日本が得意技にできる可能性も十分ありそうに思います。

人間の感性って、どこか限界がないようなところがある。ピアニストの弾き方だって、別に速く弾ければ気持ちいいんじゃなくて、テンポを崩したり、タッチに強弱をつけたりして、感性に訴える、感情が流れ出るような弾き方ってありそうですね。それを追求していくことに限界はどうもなさそう。みんなそれで気持よくなるわけだから。だから、人間の感性に訴えるタイプのイノベーションというものの多くは、多くの人が「もっと」と望むでしょうね。

クルマだって、エンジン音が静かなほうがいいということもあるし、ブ～ンってこの音がたまらないという人もいる。感性に訴えると、いろんな方向への追求ができるんでしょうね。でも、時間を短縮したいというのは、ある程度の点を超えると、かえって人間のほうがラットみたいに追いかけられる話になって、せわしないよね。

幸　時間をかけられるほうが贅沢《ぜいたく》みたいな感じに、今、なってるかも知れません。

伊丹　そう。時間をかけてもいいから、感性に訴える。そういうイノベーションというのが本当は大切なんだろうと思います。この分野じゃ、日本の文化の感性は、案外世界的にも優れている部分がありそうです。料理なんて、和食が世界無形文化遺産になりましたが、日本は和食だけじゃなく、フレンチもイタリアンも中華も、おいしい店が多いよ。そういう土壌が、感性に訴えるイノベーションのレベルを高くしているんだと思います。

だけど、最後にリアリスティックになってみると、こうした感性ベースのイノベーションで日本が成功するためには、二つの条件がある。一つは、人間の感覚とか感性とかをきちんと理解した人が多くないとダメでしょう。もう一つの条件は、感性に訴えるといっても、それは結果であって、そこに到達する手段では技術が高くないといけない。料理人の腕はその技術の例です。

最近、スポーツ選手の間で評判になっているというエアウィーヴっていうマットレスがあるでしょう。あれも技術が背後に必要だという、いい例じゃないかと思います。

紘子　たしかにいいですよ。夏はすごくさわやかです、熱がこもらないので。逆に向けたら、カバーがついてるので、冬は暖かいし、と使い分けられるんです。私は夏、すごく寝やすくなりました。

伊丹　そうですか。ここにユーザーがいましたか。まさにこれが感性に訴えるイノベーションの例だね。でも、あの製品、ポリエステル繊維をものすごく縦横無尽に編み込んでるんですよね。それは、大変な技術です。

だから、感性に訴えるイノベーションで壁になるのは、感覚を技術のスペックに落とすところだと思う。その点、日本の陶芸や蒔絵などの伝統工芸の技術は、感性を技術のスペックに落としてきたいい例でしょう。感性から技術への壁を、職人気質《かたぎ》も大いに活かして、細かな技術のノウハウをふんだんに活かして、そして文化的な感性の土壌を活かして、乗り越えられる可能性が日本には十分にあると思います。

伊丹のひとり言

イノベーションは、まず夢のようなことを思い描き、その実現への壁をリアリスティックに考えて、なんとか壁を越える努力をすることによって生まれます。

だから、イノベーションは、リアリスティック・ドリーマーが興すものなのです。

ここでは、順序が大切です。まず、夢を見ることが第一歩。そして次にリアリスティックに壁を考える。逆であっては、イノベーションにならない。リアリスティックに始まって、夢に終わることはありえないからです。

対話の中で出てきた四つの例は、すべて夢のような話です。だから、その現実化への壁は多くありました。しかし、それをあえて承知の上で、夢を思い描くことの大切さを強調すべきでしょう。それを、「夢みたい」とバカにしていては、イノベーションは興せません。

もちろん、そうして描いた夢の大半は実現しないでしょう。しかし、それでも夢を見なければ、イノベーションへの道は始まりません。どんどん夢を描き、その大半をリアリスティックに自分で消していく。その淘汰《とうた》プロセスで生き残ったわずかな部分が、イノベーションの本当の候補になるのでしょう。

イノベーションを成し遂げた人たちに子供のような心をもった人が多いのは、夢をたくさん思いつける能力と子供のような心がどこかでつながっているからでしょう。オトナの生活をしすぎていると、そうした羽ばたく心と感性を失いがちになり、結局はひからびた発想しかできなくなるのかも知れません。

本田宗一郎さんの言葉に、「成功とは、九九%の失敗に支えられた一%である」という名言があります。一〇〇の夢のアイデアのうち、たった一つでも現実にできれば、それは高い成功確率というべきかも知れません。大切なのは、一〇〇の夢を考え、トライすること。本田さんが言いたかったのは、そういうことなのでしょう。本田さんも終生、子供のような心をもち続けた人でした。

第12章

日本企業のイノベーションは、大丈夫ですか？

一発ホームランか、ヒットの累積か

智恵　先生にイノベーションって何ですか、という私たちの素朴な質問に答えてきていただきました。前の章では、私たちの小さな夢を出発点に、イノベーションになっていける条件も考えました。その最後に、日本は感性をベースにしたイノベーションでやれそう、という心強いお話もありました。

しかし、最近の大型のイノベーションは、グーグルでもアップルでも、アメリカ発が多いように見えます。日本企業のイノベーションは大丈夫でしょうか。イノベーションを興さないと企業は生き残れないって言うし、少し心配です。

伊丹　たしかに、イノベーションを興さないと生き残れない、って最近よくある評論だよね。政府も日本はイノベーション立国だ、って言うし。僕も日本にもっとイノベーションが起きたほうがいいとは思っていますが、多くのイノベーションがないと企業はまったく生き残れないのか、と問われれば、そうでもないでしょう、と答えたくなる。

日本には長寿企業、数百年も続いているような企業が世界一多い、って知ってますか。必ずしも大きなイノベーションを定期的に連発して生き残ってきたのではなく、伝統産業なんかでも地道に、きちんといいものを守って企業として生き残ってきた企業もあるんです。また、それほどまだ長寿ではなくても大したイノベーションなしでシコシコやっている企業が日本にはかなりある。小さなイノベーションを目立たない形で積み重ねているんですよ。

それに、みんながみんなイノベーションと叫んでせわしなくやっている国は、案外忙しすぎて、新しすぎて、住みにくい国になりかねない。大きなイノベーションは別に興さないけど、シコシコ、ちゃんとやり続けられますという会社が結構たくさんある国は、それなりに安定している。

それでも、イノベーションを興さないと生き残れない、とついみんな思っちゃいますね。なぜか。理由は二つありそうです。一つは、イノベーションをバシバシやる企業、大きなイノベーションに挑戦する企業がもっとあってもいいのに、今の日本では少なすぎないか、そういう感じをみんながもってるから。だからつい、すべての企業にイノベーションを興しなさい、と言いたくなる。もう一つの理由は、シコシコときっちりやってくれる企業は、じつは企業の存続のために小さいイノベーションをやり続けてきている、と多くの人が感じている。その小さなイノベーションが企業の生き残りには必要だ、というのはもっともな話です。だから、イノベーションこそ生き残りに必要、ということになる。

でも、多くの評論は小さなイノベーションの話を念頭に置いているのではなく、第一の理由でイノベーションこそ生き残りの条件、と言ってるんでしょうね。しかし、大きなイノベーションだけを見るな、と強調する必要がありそうです。

野球にたとえれば、一発ホームランでたくさんの点をとるのも、ヒットの連続で大量点につなげるのも、点数というメリットの大きさでは同じですが、ホームランのほうが目立つし、格好いいと思われやすい。それと同じで、大きなイノベーションのほうに目がいきやすいんだよね。

みらい　小さなイノベーションをシコシコと、というのが日本企業の一つのパターンだという話はなるほどと思いますが、でもアメリカのほうが大型のイノベーションが多い印象があるんです。アメリカには、大きなイノベーションを興しやすい環境があるんでしょうか。あるいは、日本企業がイノベーションを興していくためには、どんな環境を日本で整えないといけないですか。

伊丹　いい質問ですね。それをこの最後の章で考えましょう。たしかにアメリカは、歴史的条件、社会的環境、いろんな面で日本より大きなイノベーション、つまり一発ホームラン、の環境としては恵まれているように思います。それを、イノベーションを興す人材の供給、イノベーションのために必要なカネの供給、イノベーションという新しい実験を推進する社会的基盤、この三つの面から考えてみましょう。

世界から人が集まる、実験の国アメリカ

伊丹　第一に、ヒトという面からいきましょう。アメリカには、世界中から優秀な、一旗あげたいという人材が集まってきています。昔も今もそうです。それは、アメリカの歴史的特徴のようなもので、そもそもがヨーロッパの古い社会から逃れてきた移民が創った国ですから。

今でもそうで、たとえば、グーグルの創業者の一人であるセルゲイ・ブリンは、旧ソ連から六歳の時（一九七九年）に移民してきた人です。父親はモスクワの大学の数学教授だったのですが、東欧系のユダヤ人です。その頃のソ連でのユダヤ人弾圧から逃れてきた移

民です。スティーブ・ジョブズの父親もシリアからの移民でした。

アメリカのイノベーションの歴史を振り返ってみると、第二次世界大戦の前後と一九九一年のソ連邦の崩壊、共産主義の崩壊の前後に大きな波があるように思います。ともに、ヨーロッパからの移民が多かった時期です。第二次世界大戦前後は、ナチスのユダヤ人迫害を逃れて多くの学者や芸術家がアメリカへ移りました。共産主義崩壊の前後でも、体制の崩壊で社会での立場を失った人、体制崩壊後の混乱から逃れたい人たちが、東欧やソ連からアメリカを目指しました。また、それまでは一種の鎖国状態で国の外へ行けなかったのが、共産主義の崩壊で自由になったことも、アメリカを目指した一つの理由でしょう。

こうして、アメリカには歴史的に外国からの優秀な人材の供給がありました。これほど多い国は、世界中にアメリカしかありません。イノベーション人材の供給という点で、大いに恵まれているといえます。最近では、サンフランシスコ近郊のシリコンバレーという有名なイノベーションの盛んな地域がありますが（グーグルもアップルもこの地域）、ここで活躍しているのはインド人や中国人だ、という話があります。ヤフーを共同創業したジェリー・ヤンもその一人でしょう。みんなシリコンバレーという舞台を使って、ベンチャーを興し、イノベーションをやりたいのです。

みんなが集まる理由は、移民でも受け入れてくれる、活躍の舞台が誰にでも開かれている、大学などが整備されている、言語が英語で移民たちの多くがしゃべれる言語である、などといろいろと重なっています。

こうして移民をはじめとして世界中から人が集まると、たんに人材の流入量が多いというプラスだけでなく、新しい試みをしようとする挑戦心をもった人の割合が多くなる、新しい試みへの競争も多くなる、といったイノベーションへのプラスが生まれます。アメリカはイノベーションへの実験が多くなりやすい国なんです。

しかもアメリカは、市場経済原理の徹底した国です。私も若い頃住んでいましたが、まるで経済学の教科書通りに国が動いているな、と感じたものです。市場経済の原理というのは、最適な情報をもった人が実験をやる（適者実験）、優れた人が勝って劣る人は敗れる（優勝劣敗）、大きな努力とその成果には大きな報酬が渡される（報酬対応）、という三つの原則からなっている、と思えばいいでしょう。だから、アメリカでは優れた技術のポテンシャルのある人には資金が集まります。企業を創業すると、管理職としてあるいは技術者として働いてくれる人がすぐに集められるという労働市場の流動性もあります。こうした社会基盤は、社会の中の実験を多くし、イノベーションの試みを育むのに適しています。シリコンバレーはその象徴です。

しかし、いいことばかりではありません。優勝劣敗と報酬対応の原則は、社会の中の貧富の差や階級の差を生み出しかねず、実際にアメリカでは上層と下層の二極分化が日本よりは相当ひどくなっています。社会全体の安定性を気にする人は、住みにくい国と感じるかも知れません。イノベーションだけで国全体が成り立っているわけではなく、ふつうの人、安定を求める人も、どこの国にも多くいるからです。しかし、次から次へと実験を求める人がアメリカには来ますから、イノベーションに適している社会となっていることはたしかでしょう。

国防予算という資金源のあるアメリカ

光希 おカネの面でも、アメリカはイノベーションに適しているんですか。二〇〇八年のリーマンショックで金融が大混乱したようですが。

伊丹 アメリカ経済全体はたしかに大打撃を受けました。イノベーションという観点から見ても、イノベーションを興そうとするベンチャー企業に投資をするベンチャーキャピタルの動きもリーマンショックで影響を受けています。しかし、それはリーマン以前と比べると小さくなった、というだけで、世界中の資金がアメリカに集まっていますから、ベンチャーキャピタルの規模はずっと長い間、世界のダントツですよ。

さらに、イノベーションの第一段階である「筋のいい技術を育てる」というところに回る資金源として、アメリカには日本などとは規模が圧倒的に違う、国防予算があります。国防予算といっても、兵器やロケットの開発をやっているための予算だけでなく、いずれ国防に役に立つであろう基礎研究に回る資金です。マサチューセッツ工科大学という有名な大学がボストンにありますが、世界で一、二を争う技術系の大学です。この大学の予算の三分の一ほどが、さまざまな形で国防予算に源泉がある、と言われています。

一つ、最近の超大型のイノベーションで国防予算に源泉があるものを例にあげると、インターネットそのものがそうです。今でこそ、私たちも世界中とインターネットでつながっていますが、その通信網を最初に作り出したのは、アメリカ国防総省の研究開発部門です。核戦争でアメリカがミサイル攻撃を受けた時に、軍事的な指令の通信網のセンターをどこか一つのコンピュータに集中させておくと、きわめて危険です。そこをミサイルでやられたら、アメリカ全土の防衛システムが麻痺《まひ》する危険がありますから。

そこで、国全体の軍事通信網を分散的にして、どこかが攻撃されても別なルートで通信できるような仕組みを考えた。それが分散通信網です。中央に集中するような通信線だけでなく、あちこちに集中点をつくって、それらを網の目のように結ぶ。だからインターネットなんです。そうした網の目でも発信アドレスから宛先アドレスにきちんと通信ができる技術ができあがると、その技術は軍用だけに使うのでなく、民間の通信にも使えます。それで、大学間の通信網がまずできはじめ、それが便利だからどんどんと広まっていった。

今では世界中に広まっていますが、それでもアメリカが圧倒的に技術でもサービスでも強い。当たり前です。技術を開発したのも、最初に通信網をつくったのも、アメリカなんですから。今でもインターネットの中心的な基地はアメリカに多くて、だからアメリカがインターネットを通して世界中の情報を集めて盗聴しているというような疑いが出てくるんです。

インターネットに限らず、たとえば金属材料の開発でも細菌の研究でも、さらに数学の研究でも、国防目的に意味がありうるとなると、民間企業が採算を考えて研究開発投資をためらうような研究にも、どんどんおカネが回ります。あるいは、国防とは無関係に見える研究にも軍のおカネが回っていることがある。僕自身も、アメリカの大学にいた頃に、そうした資金源のプロジェクトに参加したこともある。もちろん、研究内容は国防とは直接の関係はありませんでしたが。

アメリカは市場経済の原理の国だ、とさっき言いましたが、国防がからんでくるととたんに、通常の経済の原理を飛び越した資金投入が起きる国ですね。こういう資金源があるから、イノベーションのネタになる可能性のある卵が、アメリカの大学にも民間企業の研究にも、多くなるんです。しかも、いろんな分野の技術が国防には役に立つわけですから、バラエティにも富んでいる。だから、そのバラエティある卵のうちの少数でもイノベーションへと育てば、それは民間の世界での大きな事業につながるわけです。インターネットが国防と関係あるなんて、今のインターネットだけを見ているとわかりませんよね。

得意技でアメリカの逆手をとる、成功確率を上げる、重複を省く

智恵　じゃあ、日本企業はどうしたらいいんですか。ヒトとおカネと、両方で随分とハンディがありそうですが。

伊丹　まあ、アメリカとの間にはハンディがあるという基本認識で対応を考えるべきでしょう。たんに「若者よ、冒険心をもて」とお説教していてもダメです。精神論だけじゃ乗

り越えられない、資源投入の量の問題ですから。ただ、ハンディがあるのはアメリカという特殊な国との間だけで、他の国とはハンディは基本的にないと思います。

でも、日本は基本的なイノベーション資源投入量が小さいから、それですぐ勝てないとあきらめる必要はない。相撲や柔道で、小よく大を制す、って言うじゃないですか。三つほど、対応の基本方針がありそうです。あまりくわしく具体的に説明するスペースの余裕はありませんが、一応おさらいしておきましょう。

一つは、日本は資源投入する分野を選ぶこと。全体投入量が少ないんですから、濃淡をつけて濃いところで勝負に持ち込もう、というわけ。選ぶべき分野としては、典型的には二通りのパターンがあります。第一のパターンは、日本の得意技になりそうな分野。この本で今まで例をあげてきた分野でいえば、たとえばヒト型ロボットとか食品の繊細な機械とか（回転寿司も卵割れ検査装置も）。他にもいろいろありますよ。前の章の最後で言った、感性ベースのイノベーションとか。

第二の分野選択のパターンは、アメリカの産業が捨てかけているか、あるいは力を入れていない分野。つまり、アメリカが注力しなさそうな分野で粘る。その典型例が、ハイブリッド車でしょうね。アメリカでは自動車産業はもはや一番の注力産業ではなくなっている。GMという世界最大だった自動車会社が倒産したほどです。でも、自動車の需要は世界的にこれからも伸びていく。エコカーへの需要はとくに伸びる。そこに注力する。すでに、日本の自動車メーカーがちゃんとやっていることです。他の産業でも、同じようにアメリカが捨てそうな分野でまだ大きな需要は残りそうな分野のイノベーションで粘る、ということですね。アメリカがやらないことをやる、アメリカの逆手をとる、ということでしょう。

二番目の日本企業の対応の基本方針は、イノベーションの成功確率を上げること。資源投入が少ないんですから、一旦投入すると決めた資源できちんと成功につなげる確率を上げることです。筋のいい技術とは何かを懸命に考える。市場への出口のつくり方の工夫に努力を注ぐ。社会が動きはじめたら一気に資源投入する。いろんな具体策がありそうです。案外、これは日本企業はうまくやれる可能性がある。

比喩的に言うと、日本の水道を真似るべき、ということになると思う。その心は、日本の水道は世界で一番漏水率が低い。つまり、配水所で水道管に入れた水が蛇口に漏れなく伝わる。さまざまな丁寧な対応があるからです。イノベーションの資源投入も、漏水しないようにうまく使って、成功につなげる確率を高くする工夫をあれこれやることです。

日本企業の対応の第三番目の基本方針は、ムダな重複をやめる、省く、ということです。国内で三つも四つもの企業が似たような技術開発をやっていることがかなりある。日本全体として見れば、海外との競争という点で国内で重複して同じことに資源を使っているというムダが生まれてます。そのムダを省いて、よその分野に資源を回したほうがいい。ただでさえ資源投入の総量が小さいんですから、それを重複して三重・四重に投入する余裕なんかないんです。二重までなら、国内に競争を残すためにまだ必要かも知れないけど。

この重複のムダを省くためには、重複投資をしている複数の企業が経営統合して、資源の再配置をせざるを得なくなるかも知れない。重複していたものを別な分野へ配置し直すということです。統合というと二の足を踏む企業が多いけど、国内で意味の小さい競争をしている余裕はもうありません。

小さなイノベーションを継続することが大切

伊丹　大分、話がむつかしくなってきたかな。でも、日本企業がかなりの難題にぶつかっているんだから、仕方ないね。最後に、少しポジティブなトーンで考えましょう。イノベーションは、ネアカでなくちゃね。

この章のはじめに、小さなイノベーションをシコシコでもいいじゃないか、と言いました。それは、たんにそれで長続きする企業が多くなることが社会に安定をもたらす効果がある、という意義だけじゃありません。イノベーションを日本で活発にする、その成果を大きくする、という観点からもじつは意義がある。

イノベーションの世界で、インクレメンタル（逐次的）イノベーションとラディカル（急進的）イノベーションと、二つの種類のイノベーションの区別をすることがあります。逐次的とは、少しずつイノベーションが起きていくことで、改良が進んでいくということです。小さなイノベーションがこのイメージです。急進的とは、一気にジャンプする、不連続なイノベーションで、まったく新しい技術の登場のようなものです。大きなイノベーションのイメージです。

日本企業は、インクレメンタルな小さなイノベーションをシコシコと積み重ねることが得意だし、このイノベーションは膨大な資源投入は必要ないでしょう。だから、日本に適したイノベーションのタイプ、ということになるでしょう。それをやっていると、では大きな成果へはつながらないのか。大きな成果は、ラディカルなイノベーションからしか生まれないのか。

ラディカルなイノベーションは一発ホームランのようなものですが、同じ一点をとるのに、ヒットを重ねてホームインしても一点です。だから、大きな成果がインクレメンタルなイノベーションからは生まれない、ということはありません。要は、積み重ねることができるかどうか、です。

また、最初はインクレメンタルなイノベーションを目指して動きはじめていても、何かの偶然で意外な発見があったりして、大きなイノベーションがそこから生まれることもある。大きなイノベーションは、小さなものの中からの突然変異がよくあるんです。

こうして大きな成果が小さなイノベーションをシコシコやることから生まれ得るのであれば、その技を磨くことにむしろ日本企業は励んだらいい。

三つのことが大切そうです。第一に、あちこちで、多くの人が小さなイノベーションを目指してがんばること。小さいからといってバカにせずに、努力を惜しまないこと。第二に、それらを積み重ねる、つなげるように心を配ること。ここでは大きな視野で小さなイノベーションをたくさん見ている人が必要でしょう。第三に、大きなイノベーションに育ちそうになったら、そこに資源投入を惜しまないこと。そして、その前提として、大きく育ちそうなものの邪魔をしないこと。

こうしたスタンスで日本企業が小さなイノベーションに励むということは、ある意味では「小さなイノベーションで何が悪い」と開き直ることでもある。それも、一つの立派なパターンなんです。日本の社会にも適したやり方に思えます。

世界全体のイノベーション競争でいえば、アメリカが当分の間一位でしょうが、日本は二位か三位にはつけられるでしょう。中国があの規模と発展のペースですから、アメリカに次いで二位になる可能性がかなりあります。それが、日本の置かれた世界の中の立ち位置の現実的な観察です。

それを悲観する必要はない。国の規模、国の成り立ち、社会のクセを考えれば、その立ち位置を維持するような努力が欲しいですね。そのためには、小さなイノベーションをシコシコ、が日本では有効でしょうね。そして、小さなイノベーションの累積で大きな社会的インパクトを目指すことを考えればいいんだと思います。

そうしていると、ときどき偶然の幸運が来て、小さなイノベーションだと思っていたものが、それ自身大きなイノベーションへと化けてくれることも、ありえます。累積で大きなインパクトが生まれるだけじゃなくてね。

伊丹のひとり言

イノベーションは、細くても長い努力をしていると、ときに大きなうねりが来て、大きなインパクトを生み出すものです。

うねりは、自分の力だけでは起こせません。外の力で自分たちの得意技が大きく花が咲く。偶然のきっかけで何かが開ける。それが、うねりになりそうです。

一九七三年のオイルショックという外からの力が、日本の自動車産業を大きく国際的に羽ばたかせました。当時の日本のガソリン価格の高さや道路事情から、小型で燃費効率のいい、しかもうるさい日本の消費者が満足するクルマづくりに日本の自動車メーカーは努力してきました。小型車の小さなイノベーションを続けていたのです。そうしていたら、オイルショックで石油の価格が世界中で四倍になり、日本車への人気がアメリカ市場などで一気に高まりました。それで日本車が大量輸出されるようになったのです。

あるいは、偶然の出来事が、小さなイノベーションの努力から大きなインパクトを生むこともあります。この本の第1章で紹介した、電子レンジにつながった偶然の話がそのいい例です。レーダーの世界の小さなイノベーションの努力をしていたら、偶然のでき事が起きて、その結果としてまったく畑の違う調理機械の世界の大きなイノベーションが生み出されました。ペニシリンもそうでした。

ただ、外の力にせよ、偶然の貢献にせよ、たんなる棚ぼた頼みではその受益者になれない可能性が高いでしょう。第10章で紹介したパスツールの言葉を思い出す必要があります。

「準備ある心の持ち主にのみ、幸運の女神は微笑む」

日本という国は、日本のよさを活かして、そして準備ある心をもち続けて、イノベーションへの努力を続けましょう。アメリカとの比較は避けて通れませんが、それでただ日本を慨嘆するだけになってもいけません。ましてや、「アメリカではの守《かみ》」になってはなりません。「アメリカでは、こうなっている。だから日本もそうすべき」と言い募る人のことです。

日本企業のイノベーションに、私はかなり希望をもっています。日本企業が、バブル崩壊の一九九一年に始まった長い低迷の時期にも、イノベーションへの努力を継続してきた、と思っているからです。その努力の累積が、外からの力も加わった大きなうねりに助けられ、イノベーションの成果として花を咲かせそうな時代の波になってきた、と思えます。

二〇〇八年のリーマンショック、二〇一一年の東日本大震災、と最近の日本には災難が続きました。とくにリーマンショックは、日本がバブル崩壊の時期から入ってしまった長い低迷から抜け出しかけたか、と多くの人が思いはじめた時に起きてしまいました。しかし、結果としてそれは、「禍福はあざなえる縄の如し」で、日本の再出発のスタートになったようにも思います。

この本が世に出る二〇一五年は、戦後七十年の節目の年にあたります。その戦後七十年を日本産業の歴史として振り返ってみますと、二〇〇八年のリーマンショックはある時代の終わりを告げ、次の時代の始まりを告げているように思います。そういうふうに、日本の産業の戦後の波が動いているように思えます。

私は戦後の日本の産業発展の歴史を、十八年周期の三つの波として見るといいと思っています。戦後復興が終わった一九五五年から第一次オイルショックの一九七三年までが第一の波。重化学工業化を中心とした高度成長の波でした。一九七四年からバブル崩壊の一九九一年までが、産業のエレクトロニクス化を中心とした安定成長の波です。その後の日本は、長い低迷の波の時代を迎えます。低い波の時代、あるいは津波の前の引き波の時代とも言えそうです。

その低い波がそれなりに盛り返してきたか、と思ったらリーマンショックが来ました。バブル崩壊からほぼ十八年でした。

リーマンショックの後には、国際金融の不安定の時代が来て、東日本大震災にも襲われました。中国の成長もおかしくなり始めています。アメリカも国内格差が限界にきつつあるようで、昔のような勢いはもうないでしょう。ヨーロッパでも南欧の財政危機の不安とロシアの不安定が続きます。そこへ、二〇一四年の夏から原油価格の巨大下落の波が来ました。逆オイルショックが起きているようです。

日本をとりまく外の力のうねりが、日本が低迷を嘆いていた第三の低い波の時代とは、大きく変わってきたのです。その外のうねりをうまく使って、日本らしい技術と感性のイノベーションを、アメリカ型ベンチャーイノベーションとは違うパターンで花を咲かせられる時代が来たのだと思います。

それが本当にできるかどうか。それを決めるのは、長い低迷の時代に日本がしてきた努力が、本当はどれくらいの大きさだったのか、ということでしょう。かなりの努力の累積がある、というのが私の現場観察です。マグマが貯まっている状態、とてもいいましょうか。

それに期待しましょう。マグマが流れ出て、日本の産業発展の第四の波が来てくれることを期待したいと思います。それには、イノベーションへの興味と努力が国中で継続する必要があります。そんな時期に、「イノベーションをもっと知りたい」という思いがあふれ出ているようなこの本が、女性を中心に企画され、出版されること自体、イノベーションへの興味の広がりを感じさせます。

この本は、日本産業の第四の波の到来の、先駆けなのかも知れません。

〈著者略歴〉

伊丹敬之（いたみ　ひろゆき）

1945年、愛知県生まれ。1967年、一橋大学卒業。1969年、一橋大学大学院商学研究科修士課程修了。1972年、カーネギー・メロン大学経営大学院博士課程修了、Ph.D 取得。

1985年、一橋大学商学部教授。1994年、一橋大学商学部長。2008年、東京理科大学総合科学技術経営研究科教授、同研究科長。現在、東京理科大学イノベーション研究科教授。一橋大学名誉教授。

日経・経済図書文化賞“Adaptive Behavior : Management Control and Information Analysis”、経営科学文献賞『経営戦略の論理』、日経・経済図書文化賞　『日本企業の多角化戦略』、日本公認会計士協会中山ＭＣＳ基金賞　『日本型コーポレートガバナンス』を受賞。2005年、紫綬褒章。組織学会、日本経営学会会員。

和文著書に、『経営戦略の論理』（現在、第４版）『日本企業の多角化戦略』『日本型コーポレートガバナンス』『よき経営者の姿』『イノベーションを興す』『孫子に経営を読む』（日本経済新聞出版〈日本経済新聞社〉）、『人本主義企業』（筑摩書房）、『場のマネジメント』（ＮＴＴ出版）、『場の論理とマネジメント』『経営の力学』（東洋経済新報社）、『人間の達人　本田宗一郎』（ＰＨＰ研究所）など多数。

英文著書として、

“Adaptive Behavior : Management Control and Information Analysis” American Accounting Association, 1977

“Mobilizing Invisible Assets” Harvard University Press, 1987

がある。

装丁　川上成夫＋奥田朝子

装画　水谷慶大

先生、イノベーションって何ですか？

2015年5月27日　第1版第1刷発行

著　者　伊丹敬之
発行者　小林成彦
発行所　株式会社ＰＨＰ研究所

東京本部　〒102-8331　千代田区一番町21
学芸出版部　☎03-3239-6221（編集）
普及一部　☎03-3239-6233（販売）
京都本部　〒601-8411　京都市南区西九条北ノ内町11

PHP INTERFACE　http://www.php.co.jp/

制作協力・組版　株式会社PHPエディターズ・グループ
印刷所　共同印刷株式会社
製本所　東京美術紙工協業組合

ISBN978-4-569-82487-1